BIBLIOTHÈQUE PROFESSIONNELLE ET LÉGALE

La Pâtisserie ❧ ❧ ❧
❧ à travers les Âges

RÉSUMÉ HISTORIQUE

DE LA COMMUNAUTÉ DES PÂTISSIERS

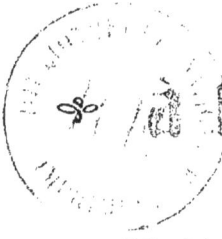

L'APPRENTISSAGE DE JADIS ET D'AUJOURD'HUI

DIVERS FAITS CORPORATIFS

par

A. CHARABOT

*Président du Syndicat patronal des Pâtissiers de Paris, Seine
et Seine-et-Oise
et du Syndicat général de la Pâtisserie Française*

MEULAN

AUGUSTE RÉTY, IMPRIMEUR-ÉDITEUR

37, rue Gambetta, 37

—

1904

LA PATISSERIE A TRAVERS LES AGES

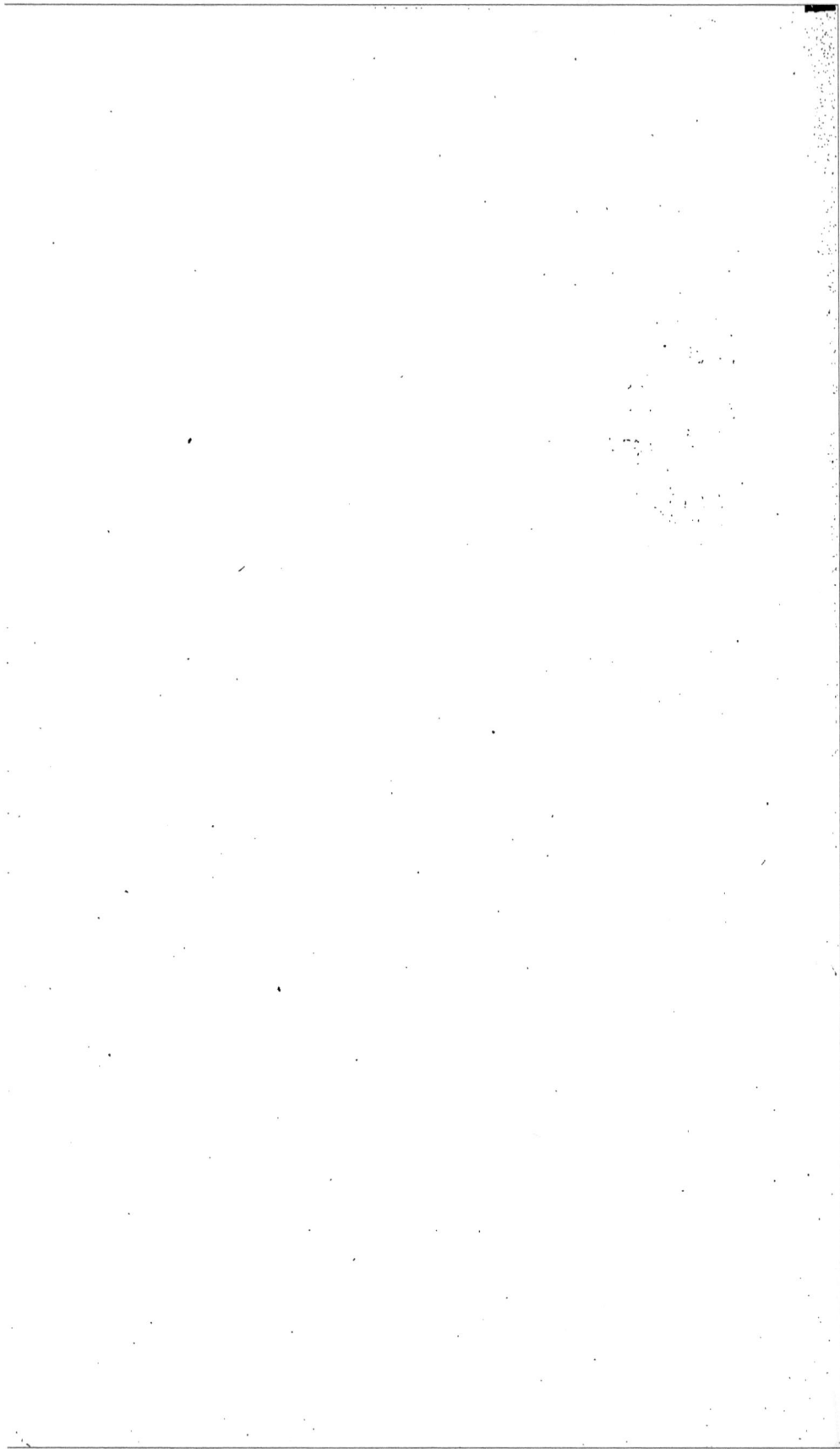

BIBLIOTHÈQUE PROFESSIONNELLE

La Pâtisserie à travers les Ages

RÉSUMÉ HISTORIQUE

DE LA COMMUNAUTÉ DES PATISSIERS

par

A. CHARABOT

Président du Syndicat des Pâtissiers de Paris, Seine et Seine-et-Oise,

et du Syndicat Général de la Pâtisserie française

AUGUSTE RÉTY

GRANDE IMPRIMERIE DE MEULAN (SEINE-ET-OISE)

1904

PRÉFACE

Pauca, sed bona !

Un travail intéressant se recommande mieux par lui-même que par une présentation analytique et critique ou élogieuse, et tel est le cas de l'historique corporatif que nous apporte cet opuscule, signé d'un nom qui est une garantie de sa valeur documentaire générale, et de son exactitude dans les détails. C'est donc plutôt une appréciation toute personnelle qu'une préface, que j'inscris en tête de l'ouvrage de Charabot. J'ajouterai même que c'est surtout un témoignage de profonde sympathie au collègue, et un hommage rendu à l'auteur pour la ténacité de son effort.

Tout comme dans une famille, il est intéressant de consulter l'arbre généalogique, et d'apprendre ce que furent et comment vécurent les aïeux disparus, il est utile dans une corporation de s'enquérir de ce qui se faisait autrefois ; d'étudier les coutumes et les usages, pour en discerner les bons côtés et en éviter les mauvais. Car si, pendant le siècle dernier, le progrès a partout et sur tout marqué son empreinte ;

si, plus que jamais, il continue irrésistiblement sa marche vers les horizons toujours plus reculés de l'Idéal et de l'Absolu; il n'en existe pas moins que, s'il fut plus long à se dessiner et à s'affirmer jadis, il fut de tous les temps, et il est suprêmement intéressant d'examiner quelles en furent les manifestations à son aurore.

Les exigences de la vie sociale ne se produisent que dans le sens du mieux et du plus haut; et il n'en peut être autrement, puisque tout pas en arrière est un recul vers la barbarie. Sans doute, à l'époque très lointaine d'où Charabot fait partir son historique de notre corporation, c'est-à-dire au lendemain du jour où le prévôt Etienne Boileau organisa les corporations en corps constitués, qu'il traça, par les statuts particuliers donnés à chacun, des droits et des devoirs généraux, les mœurs étaient plus simples que de nos jours, plus patriarcales; les besoins moins grands, et l'âpreté au gain moins vive. On vivait plus chez soi et entre soi, et ce qui est frappant surtout, c'est l'intimité qui existait alors entre patrons et ouvriers. Le patron voyait en son ouvrier un collaborateur et un allié; et l'ouvrier considérait son patron comme un protecteur naturel. Heureux temps, où s'ignoraient les fallacieuses théories, roulant sur le thème unique : Le patron, c'est l'ennemi !

En ces temps, si loins de nous, les artisans de tous les métiers avaient au plus haut point le souci de la dignité professionnelle, l'orgueil du talent; et la preuve en est dans l'importance dont on entourait la réception d'un nouveau maître : l'inférieur d'hier et

l'égal du jour, dont un aéropage choisi devait pro-
noncer le *Dignusest intrare*... Mais ce qui me semble
surtout à signaler dans notre histoire corporative,
c'est l'esprit d'honnêteté commerciale, avec le souci
constant de ne causer le moindre tort à autrui, et
cette admirable solidarité qui fut à toutes les époques
une règle chez les pâtissiers.

Cette superbe égalité et l'entente cordiale du
début s'effritèrent vite pourtant; et les siècles suivants virent naître les tendances à la domination,
les privilèges créés en faveur des fils de Maîtres
au détriment de simples ouvriers : autant d'abus
apportant l'injustice où était l'équité. Qu'étaient ces
abus pourtant, à côté de ceux qui se révélèrent plus
tard !

Il me plaît de constater, en passant, combien
notre corporation était considérée autrefois, et il
est singulièrement édifiant de se rendre compte,
par les chiffres rapportés, comment Louis XIV en
particulier manifesta d'une façon expressive, mais
trop onéreuse, son estime pour la corporation des
pâtissiers, qu'il jugea digne d'être placée au premier rang pour la pressuration en faveur du Trésor
royal.

Toutes puissantes au XVIIe siècle, les corporations,
la nôtre y compris, virent leur astre décliner à la
fin du XVIIIe et, comme les autres, elle s'effondra
dans les jours précurseurs du grand ouragan révo-
lutionnaire. Et il fallut qu'un siècle s'écoulât pour
que, sur les ruines des corporations autoritaires,
soutien des royautés chancelantes, s'édifiât l'œuvre
de création républicaine que sont les syndicats,

institutions de progrès pacifique, groupant des milliers de volontés et des milliers d'intelligences tendues vers le même but.

Bien des jeunes gens, et même des hommes mûrs se demandent aujourd'hui où furent l'origine et les causes de ces concurrences désastreuses pour notre profession, contre lesquelles nous cherchons à établir une réaction vigoureuse; et, à ceux-là, nous recommandons certains passages de l'ouvrage, où cette question est traitée depuis ses débuts timides et hésitants, jusqu'à son implantation victorieuse sous le pavillon de la liberté du commerce.

Pour se compléter logiquement, cette étude devait englober deux sujets qui sont corrélatifs, et Charabot l'a bien compris en donnant une large place à la question de l'apprentissage. Car tout comme l'armée est faite de recrues qu'une éducation spéciale mue en soldats, toute corporation prend ses racines dans l'apprentissage; et l'apprenti d'hier est l'ouvrier d'aujourd'hui, sera le patron de demain. Il était donc suprêmement intéressant de rechercher comment se comprenait l'apprentissage autrefois ; quelles étaient ses bases et sa fin, afin de pouvoir établir une comparaison, et ce sujet est traité avec une ampleur qui charmera tous ceux qui s'intéressent à notre recrutement professionnel. Ils y trouveront des idées qui, pour être synthétisées, n'en ouvrent pas moins de larges horizons et, pour en avoir posé le principe au Conseil du Travail, j'approuve sans réserve cette réglementation formelle de l'apprentissage, couronné par des examens de sortie, qui seront la garantie du savoir de l'apprenti et de la responsabilité du patron.

Pauca, sed bona, répèterai-je encore, car dans cet opuscule où se condense notre histoire corporative depuis 600 ans, il y a beaucoup à apprendre et à retenir. L'histoire du passé comporte des enseignements, et l'on en tire parfois de précieux renseignements. Il n'est donc pas inutile de s'arrêter parfois à feuilleter les pages vétustes où revivent les siècles morts. Et quelle que soit la forme modeste sous laquelle se présente l'œuvre de Charabot, elle n'en sera pas moins bien accueillie, j'en suis certain. Sa valeur historique sera un puissant facteur de succès; mais il est certain aussi que le complément de ce succès sera assuré par les sympathies cordiales qui entourent la personnalité de l'auteur.

MONGROLLE,
Président d'honneur
du Syndicat général de la Pâtisserie Française.

La Patisserie a Travers les Ages

PRÉAMBULE

IEN que ce soit un sujet de haut intérêt pour les professionnels auxquels je m'adresse, je dois déclarer que l'histoire technique de la pâtisserie ne sera touchée qu'incidemment au cours de cette étude, dont le cadre ne me permet pas des dissertations qui prendraient tout à coup trop d'ampleur ; et, dans ce court préambule, je vais exposer le sommaire des sujets que je me propose de traiter.

D'abord, il me semble que, ne fût-ce que pour établir un parallèle entre l'état social de notre corporation dans les siècles défunts et celui d'aujourd'hui, cette étude a sa raison d'être et son utilité. Je suis convaincu, en plus, que les patrons pâtissiers modernes apprendront avec plaisir quels étaient les droits et les devoirs des Maîtres Oublayers, leurs prédécesseurs, et peut-être les ancêtres de quelques-uns d'entre nous.

L'enchaînement logique des faits m'amènera naturellement à exposer comment l'apprentissage se comprenait autrefois; quelles étaient ses conditions, les obligations respectives des deux parties, les garanties dont il était entouré, et comment s'obtenait la Maîtrise, objectif suprême des jeunes praticiens. Les deux sujets sont du reste adéquats, et il est difficile de parler des Maîtres pâtissiers, sans parler des apprentis futurs Maîtres.

Or, cette question de l'apprentissage est toujours d'actualité, et il faudra bien que, après l'avoir envisagé dans le passé, j'examine ce qu'il était il y a un demi-siècle, ou tout au moins ce qu'il fût pour nous; ce qu'il est aujourd'hui, et ce qu'il doit être demain.

Il se comprend facilement que, si quiconque peut, plus ou moins éloquemment, rapporter et commenter l'histoire de son temps, en faisant appel à sa mémoire et à ses souvenirs, il n'en est plus de même quand il s'agit de remonter dans le passé et, bon gré mal gré, il faut nécessairement se documenter aux sources sérieuses, et commenter ce qui est rapporté pour en tirer de raisonnables déductions.

J'ai donc fait appel, non seulement aux notes et nombreux manuscrits de mon ami Philéas Gilbert, qui a étudié et étudie toujours l'histoire de nos corporations, mais encore à différents ouvrages dont la lecture, pour être aride, n'en est pas moins intéressante. J'ai tiré de précieux renseignements de l'ouvrage intitulé *Comment on devenait patron*, de Franklin, ouvrage édifié à l'aide de citations et d'extraits du *Livre des Métiers* d'Étienne Boileau, des *Livres du Châtelet*, des *Archives de la Police*, et des Ordonnances royales. La *Vie privée des Français d'autrefois* de Le Grand d'Aussy, m'a permis de préciser quelques dates, et l'intéressant livre de M. Vinçard, *Les ouvriers de Paris*, a éclairé mon jugement sur quelques points douteux.

Enfin, des notes jetées au hasard depuis 20 ans, et des fragments d'études patiemment collationnés par Ph. Gilbert ont complété ma documentation, qu'il m'eût été loisible d'étendre beaucoup plus longuement que je ne l'ai fait, si je n'avais été guidé par le désir de limiter et de synthétiser cette étude pour la résumer dans une simple brochure.

PREMIÈRE PARTIE

Résumé historique

DE LA COMMUNAUTÉ DES PATISSIERS

DE 1270 A 1791

Les Premiers Statuts

Si on jette un coup d'œil sur l'Histoire générale de l'Alimentation à travers les siècles,
on constate de suite que, dès les premiers
peuples policés, les pâtissiers existèrent.

Les Grecs donnèrent à la pâtisserie toute
l'importance d'un art véritable, et peut-être,
qu'en procédant par comparaisons et déductions,
nous trouverions quelques indices des procédés
d'alors dans notre pratique moderne.

Les Romains, ces maîtres éternels de la bonne
chère, donnèrent à ce complément indispensable
des festins l'estime qu'ils savaient donner aux
bonnes choses, et entourèrent ses praticiens
d'une considération qu'ils ne marchandaient pas
aux artisans de leurs joies gastronomiques.

Dès le IVe siècle de notre ère, il existait à Rome
une corporation de pâtissiers (*pastillariorum*),
corporation riche et puissante ; ce qui démontre

jusqu'à l'évidence l'extension qu'avait déjà prise à cette époque l'industrie qui est la nôtre. C'est du reste à l'Empire Romain qu'il faut remonter, pour trouver l'origine des corporations dans les *Collèges* fondés par Numa Pompilius; et cette origine est de source politique, puisque le but du fondateur était d'effacer toute distinction entre les Sabins conquis et les Romains conquérants, en les groupant en corps de métiers régis par une même loi.

En France, le premier mot du groupement des ouvriers d'une même profession se trouve dans les Capitulaires de l'Empereur à quadruple couronne : le grand Carolus Magnus; mais ce n'est qu'à partir de Louis IX (xiii° siècle), et après l'apparition du *Livre des Métiers* d'Étienne Boileau, prévôt de Paris, que les corporations furent réellement organisées et réglementées. Ce fut l'aurore des Communautés s'administrant elles-mêmes sans aucune ingérence ; véritables petits états dans l'État, jusqu'au jour où le pouvoir royal, toujours en quête de ressources, monnaya ce qu'il considérait comme des privilèges, et finit par ruiner ces puissances ouvrières. Leur irrémédiable déchéance, enfin, fut prononcée en 1791, quand fut décrétée la liberté de tous les commerces et industries.

En ce qui concerne la pâtisserie, bien qu'elle eût été, à partir du xiii° siècle, réglementée par différents édits et ordonnances, ce ne fut qu'après ses statuts de 1566, *revisés et augmentés*, qu'elle fut organisée en corporation régulière.

Il semble que, vers la deuxième phase du Moyen-Age, le genre de pâtisserie connu sous le nom d'*Oublie* était, avec ses différents dérivés, dont je citerai plus loin quelques échantillons, l'un des éléments fondamentaux du travail des pâtissiers; et il faut, non pas supposer, mais croire que le commerce qui s'en faisait était important, puisque la dénomination « d'Oublayeur » devint synonyme de pâtissier, et que les deux appellations se confondirent.

L'Oublie n'était pourtant pas une nouveauté, attendu que, dans l'énuméré des pâtisseries grecques, Athénée l'indique sous le nom d' « Obélias » (*Banquet des Savants*), et explique que c'est un genre de pain qui se cuit entre deux fers et se mange chaud. D'où le nom d'oublayeur ajouté à celui de pâtissier, comme, plus tard, s'y ajouta le nom de « traiteur », quand le pâtissier adjoignait à son commerce celui de la restauration.

Ce fut donc aux pâtissiers-oublayeurs que, en 1270, Saint-Louis donna des statuts, dont quelques articles méritent d'être cités. Il y est dit d'abord que :

« Quiconques veult être oublayer en la ville
« de Paris, être le peult quittement et franche-
« ment, pourveu qu'il sçache faire le mestier et
« qu'il ait de quoy, et qu'il garde les us et cou-
« tumes du mestier.

« Défenses au maître d'occuper un ouvrier,
« que celui-ci ne sut faire en une journée un
« millier de *neules* (sorte de gâteau tiré de la pâte
« à oublie, et de forme distincte).

« Interdiction à toute femme qui n'était pas
« du métier de faire ni porter aucun gâteau en
« ville.

« Défenses aux maîtres et aux ouvriers de jouer
« de l'argent aux dés.

« L'apprentissage devait durer cinq ans, et
« défenses formelles de prendre un apprenti à
« autrui.

« Toutes marchandises à faire pâtisserie
« devaient être de bonne qualité, et défenses
« de donner plus de deux gaufres ou huit bâtons
« pour un denier.

« Deux jurés chargés des visites de surveillance
« étaient nommés par les maîtres en charges, et
« devaient prêter serment sur les saints.

« Défenses aux maîtres de faire aucune oublayerie
« pour l'église, ni de travailler les jours de fête,
« les ouvriers devaient seuls travailler. Enfin,
« toute infraction aux statuts encourait une
« amende de vingt sols pour le roi. »

Il était spécifié aussi que le varlet (l'ouvrier)
serait payé deux deniers en plus s'il passait la
nuit à travailler; mais s'il faisait défaut au maître,
il devait l'indemniser de onze deniers.

Je reviendrai sur ce payement du travail de nuit
au paragraphe des « salaires ».

Cent trente six ans plus tard (en 1406), certaines modifications furent apportées aux statuts primitifs, et il fut ordonné : « Que nul ne pourrait ou-« vrir boutique ni être maître à Paris ni dans les « faubourgs, s'il ne sût faire en un jour 500 ou-« blies, 300 *supplications* et 200 *esterets* ainsi « que la pâte des dits. » (Ces deux derniers gâteaux étaient encore une variété d'oublies selon les uns, et des gaufres très communes selon d'autres). Il fallait aussi, pour pouvoir s'établir, n'avoir jamais encouru « aulcun vilain blasme ou reproche ».

« Défenses à une oublayère non mariée de « prendre un apprenti ».

« Défenses d'exercer le métier sans être fils de « maître, ou avoir fait le chef-d'œuvre, sous peine « de 8 sols d'amende. »

« Aucun apprenti ne sera « mis en besoingne » « sans avoir payé 5 sols au roi et 5 sols à la Con-« frérie. »

Jusque là, les formalités de l'apprentissage avaient été gratuites, de même que le droit de s'établir, et c'est le premier pas fait dans la voie des charges fiscales qui, en deux siècles, firent prodigieusement la boule de neige. Enfin, il fut dévolu aux maîtres de stipuler les conditions de l'apprentissage, qui, de 5 ans au début, fut ensuite de 3 et de 4 ans.

Le Travail

Son genre — Sa limitation — Sa surveillance

Chômage des Maîtres— Les Salaires du début

~~~~~~~~~

Le meilleur guide à consulter pour être renseigné sur la mulpilticité des gâteaux de détail, vers le xvᵉ siècle, est le chantre de Pantagruel ; et bien curieuse est cette énumération qu'il en fait dans le repas des Gastrolâtres : gâteaux feuilletés, cardes, brides à veaux, beugnets, tourtes de seize façons, pâtés de coings, caillebottes, poupelins, macarons, tartes de vingt sortes, etc. Et, ajoute-t-il, « vinage suivoit à la queüe de peur des esquinances. Item roûties. » (Rabelais, livre 4, chap. 59).

Mais avec les oublies et leurs dérivés, les pâtés chauds et froids, tourtes de godiveaux, pâtés de requeste et de béatilles, étaient le grand cheval de bataille des pâtissiers.

Les jurés en charge devaient s'assurer par de fréquentes visites dans les laboratoires de la qualité des produits employés ; mais il faut croire que la fraude était déjà de ces temps, puisque, en 1440, une très sévère sentence de police interdit aux pâtissiers de faire les pâtés avec des viandes « sursemées » mais avec bon veau et bon porc, et en ne les gardant qu'un jour ou jusqu'au lendemain seulement; « ni de faire flans et tartes avec du lait écrémé, tourné ou moisy. » La même sentence défendait de porter dans les tavernes des petits pâtés, darioles ou rinssolles (rissoles), à moins qu'ils ne fussent commandés.

Les jurés visiteurs avaient des pouvoirs illimimités de contrôle, et toute marchandise qui n'était pas exécutée dans les conditions prescrites par les règlements était saisie par eux, et brûlée. Il y avait là certainement une garantie formelle pour l'acheteur d'être sûr d'avoir des articles parfaits, et un salutaire avertissement pour les fraudeurs; mais cette ingérence des jurés, et la part qui leur revenait dans les amendes prononcées, en les incitant à la sévérité et peut-être à l'injustice, étaient un vice corporatif et une gêne, dont avaient à souffrir comme les autres les commerçants consciencieux.

Les fraudes étaient d'ailleurs très rares, et les Maîtres pâtissiers mettaient leur point d'honneur à ne livrer que des marchandises irréprochables. Ce qui est aussi à faire ressortir ici, c'est que les historiens sont d'accord pour déclarer que la corporation des pâtissiers, comme généralement celles de l'alimentation, observe la plus grande probité commerciale, et que le Maître pâtissier

tient rigoureusement la main à la bonne exécution du travail par ses ouvriers.

**
* *

Alors que, à cette époque, la durée du travail
était sévèrement réglementée dans un grand
nombre de corps de métiers, et le travail de nuit
interdit presque à tous, il semble que cette réglementation ne fut jamais imposée aux pâtissiers,
parce que l'on avait compris sans doute que les
exigences du métier la rendaient impossible. Ce
qui est dit plus haut, touchant le paiement du travail de nuit au varlet, démontre également que
toute latitude leur était laissée pour travailler
la nuit, malgré les moyens défectueux d'éclairage
dont on disposait : le gaz et l'électricité n'étant
même pas encore soupçonnés en ces temps ; et
c'était précisément la cause qui faisait inter-
dire d'œuvrer la nuit, parce que le travail ne
pouvait être rendu dans la perfection. « Nus ne
pult ouvrer de nuit, pour les fausses euvres
que on i pult faire », dit le *Livre des Métiers*.

J'ai indiqué que les statuts donnés par Louis IX,
disaient que le Maître ne devait pas travailler les
jours de fête, et que, seuls, les ouvriers y étaient
autorisés. La distinction est subtile ; mais ici, il
y a désaccord entre les historiens, car plusieurs
disent que les Maîtres n'étaient astreints au chômage que le dimanche, et le Grand d'Aussy le

fait d'autant plus remarquer, que les boulangers devaient rigoureusement observer toutes les Vigiles et fêtes religieuses; ce qui, avec les fêtes de corporation, représentait un chômage de 120 jours par an.

La preuve encore que les Maîtres pâtissiers n'étaient astreints qu'au chômage du dimanche, c'est que eux-mêmes demandèrent au prévôt de chômer à la Pentecôte, à la Fête-Dieu, et le jour de leur fête patronale La Saint-Michel; ce qui leur fut accordé. Ce jour-là, ils organisaient un cortège et parcouraient à cheval les rues de la ville, accompagnés de prêtres qui portaient le pain bénit ; mais ces cavalcades ayant donné lieu à des désordres, elles furent supprimées en 1636, et remplacées par une fête de caractère absolument religieux qui eut pour date la Pentecôte.

En 1522, un nouvel édit policier réglementa encore la fabrication des pâtés, en faisant défense expresse d'en vendre au dessous de 4 deniers parisis; parce que, en vendant à un prix moins élevé, l'on ne pouvait qu'y perdre, ou ne les garnir que de basses viandes délaissées sur les marchés. Cette mesure était sage et prévenait la concurrence qui eut tenté de s'établir par le bon marché. Cette même sentence interdisait aussi aux Maîtres de prendre plus de deux apprentis, mais ils pouvaient engager autant qu'ils le voudraient de varlets et *d'alloués*. Ce dernier nom fut surtout appliqué plus tard aux compagnons attendant Maîtrise ».

Ce que les historiens font encore ressortir avec force, c'est l'admirable esprit de solidarité qui unissait les Maîtres pâtissiers. Il eut été jugé déshonorant de faire une réclame quelconque tendant à concurrencer son voisin, et encore bien plus de lui enlever un client. La solidarité impliquait l'entr'aidement mutuel, et des pièces bien authentiques établissent que les corporations de l'alimentation en donnèrent l'exemple.

La situation de l'ouvrier était alors aussi bonne que possible. Il n'avait pas de droits politiques, mais il vivait avec le Maître sur un pied de fraternelle entente que brisa plus tard l'institution du compagnonnage, et, quand il était *ancien*, il avait voix dans les affaires de la communauté.

***

Les plus minutieuses recherches ne m'ont pas permis d'établir sûrement quelle était alors la base des salaires ; la fluctuation des monnaies aux différentes époques rendrait des chiffres trop incertains, et la preuve :

J'ai indiqué que vers la fin du XIIIe siècle un varlet était payé 2 deniers pour un travail de nuit, et le salaire de nuit devant être un peu supérieur à celui de jour, on pourrait établir que celui de jour était de un denier et demi. Le denier qui, comme on le sait, était la douzième partie du sol, est évalué par Franklin à 0,50 centimes de notre monnaie actuelle; et cette assertion se trouve fortifiée par ce qui concerne la redevance, indiquée plus loin, que le Maître devait payer au varlet qui ne mangeait pas à sa table, et qui était de 4 deniers, ou, approximativement, 2 francs de notre monnaie.

On en pourrait donc déduire, mais rien que déduire sans l'affirmer, que le prix moyen payé aux ouvriers était, pendant le xiiie siècle, de 0,75 par jour, ou 22 à 25 francs par mois.

Evidemment, la valeur de la monnaie devait subir de fréquentes modifications, ou il faudrait supposer que, 40 ans plus tard, les salaires se fussent trouvés considérablement augmentés, car dans les premières années du xive siècle, je trouve que le salaire des ouvriers boulangers était celui-ci : L'enfourneur recevait 2 sols et 6 deniers par semaine, soit 30 deniers : les varlets de pétrin 2 sols, et les garçons 5 deniers par jour ; ce qui mettait à égalité le salaire des garçons et des enfourneurs ; et à 4 deniers le salaire journalier des varlets, la semaine étant comptée à 6 jours. En évaluant la valeur du denier comme il est dit ci-dessus, le taux de ces salaires eût été de 2 fr. et 2 fr. 50; et celui du pâtissier qui, a toujours été sensiblement le même, a donc dû se trouver augmenté vers cette époque. Mais si la monnaie du xve siècle était de valeur égale à celle du xiiie, la progression des salaires s'accuse bien plus fortement encore à partir de 1400.

J'ai sous les yeux le compte d'un repas servi en 1412, où je relève qu'il fut payé 1 sol et 8 deniers pour le loyer d'une journée de femme de vaisselle, soit 20 deniers; et 10 deniers à chacun des garçons tournebroche. Il est bien admissible que le salaire d'un ouvrier de corporation devait être au moins du double; et alors nous sommes déjà loin des 2 deniers payés au pâtissier en 1280, et des 4 à 5 deniers payés aux boulangers au commencement du xive siècle.

En somme, ce qu'il est possible de déduire, c'est que le taux des salaires a progressé de siècle en siècle, suivant forcément la progression de prix des denrées, loyers, et objets nécessaires à la vie. Mais ce qui est certain, c'est que l'ouvrier jouissait d'une considération qui fut loin d'être la même dans les siècles suivants, et d'une aisance qu'il n'eut plus par la suite.

Enfin, il était d'usage, comme aujourd'hui, que les ouvriers pâtissiers fussent nourris, puisqu'il est prévu au xiiie siècle que l'ouvrier marié aura le droit de dîner et souper chez lui, « ce pourquoi le Maître lui devra payer 4 deniers pour sa *penture* » (nourriture). Il en était de même pour l'apprenti qui se mariait avant que son temps fut terminé, ce qui fait supposer que l'apprentissage ne commençait guère qu'à l'âge de 15 à 16 ans.

Institution définitive
de la Communauté

L'enseigne des pâtissiers. — Le compagnonnage.
Origine des Bureaux de placement
Vente de maîtrises et exigences royales
Dissolution des Communautés

EN possession des statuts augmentés en certains endroits et modifiés en d'autres, la corporation des pâtissiers se trouva donc légalement et définitivement constituée au commencement de 1567. Un article de ces statuts reportait l'apprentissage à 5 années, et édictait l'obligation formelle pour les jeunes gens de travailler encore pendant trois années, à titre *d'alloués* ou compagnons attendant Maîtrise, avant de se présenter aux examens du chef-d'œuvre. Celui-ci, qui jusque-là comprenait invariablement l'exécution de six plats déterminés par les jurés, consista dès lors en six gros pâtés; et je reviendrai sur ce point en traitant « l'apprentissage dans le passé ».

Le Grand d'Aussy nous apprend que, à partir de cette époque, les pâtissiers de Paris prirent

2

pour enseigne une lanterne qu'ils allumaient le soir ; laquelle était fermée, transparente, et ornée de figures bizarres ; tandis que les pâtissiers des provinces méridionales avaient adopté, également à titre d'enseigne, deux gros vases d'étain qu'ils plaçaient de chaque côté de leur boutique.

La plus grande partie des pâtissiers de Paris étaient établis dans la Cité, et avaient donné leur nom à la rue (rue des Oublayers), qui devint plus tard la rue de la Licorne, et il y a là une sorte d'indication analogique dont il est utile de dire un mot.

La Licorne, qui n'exista jamais, était un animal fantastique créé par l'imagination populaire encore simpliste au plus haut point. Il avait la conformation du cheval, avec une corne plantée au milieu du front, ainsi que me le démontre la reproduction d'une gravure que je trouve dans le livre, *Les repas*, de Franklin (collection de *La Vie privée d'autrefois*).

Cette corne, qui était considérée comme un symbole de pureté absolue, brisait la plus solide armure, et laissait suinter du sang si on la mettait en contact avec un objet empoisonné ; de là son usage pour essayer les mets, et en général ce qui se mangeait ; de là, sans doute aussi l'attribution de son nom à la rue des pâtissiers, comme un symbole analogique et une garantie morale que toutes marchandises y vendues ne pouvaient et ne devaient être suspectées. Mais, en réalité, cette corne de licorne était tout simplement une dent de narval, genre de cétacé des mers Arctiques. Et ce fut en vain que Brantôme et Ambroise Paré s'efforcèrent de démontrer l'inanité de cette absurde croyance qui subsista jusqu'au commencement du xviiie siècle.

La vente se faisait en boutique, et parallèlement par des apprentis qui, aussi bien de nuit que de jour, parcouraient les rues, porteurs de corbeilles ouvertes et annonçant leur marchandises à grands cris, ainsi qu'il est rapporté dans le livre *Annonce et réclame. (Cris de Paris.)*

Il y eut même au sujet de cet emploi des apprentis des abus très réels, contre lesquels certains Maîtres cherchèrent à réagir d'abord, et qui donnèrent lieu par la suite à de sévères édits de police sur lesquels je reviendrai en traitant l'apprentissage.

Après l'interdiction d'envoyer les apprentis vendre dehors, cette besogne fut confiée à des gens à gages ; et ce qui motiva sa défense absolue est assez curieux pour être rapporté. Ce fut Cartouche qui valut aux pâtissiers la défense de vendre dans les rues sitôt la nuit tombée, et voici comment :

« Quand ce triste condisciple de Voltaire eut organisé la bande d'apaches qui, pendant trop longtemps, terrorisa Paris, il arriva que pour dévaliser plus sûrement le bourgeois attardé, quelques-uns de ceux-ci s'improvisèrent oublayers et, de leur corbeille, sortit souvent, au lieu des rissoles espérées par le client noctambule, le poignard de l'assassin ».

** *

J'ai dit plus haut que les nouveaux statuts, de 1566-67, faisaient une obligation aux apprentis de travailler encore trois ans *comme alloués*, avant de pouvoir passer les examens de Maîtrise que, jusque-là, ils avaient pu subir dès l'obtention de leur brevet d'apprentissage.

La mesure fut diversement appréciée, et les ouvriers y virent surtout un désir bien manifesté par les Maîtres de les tenir plus longtemps sous leur dépendance et de retarder, autant qu'ils le pourraient, l'instant où ils deviendraient leurs égaux. Aux yeux de tous, ce fut un acte d'arbitraire aggravé encore par le fait de ne plus admettre d'anciens ouvriers aux conseils de la corporation. Cette décision des Maîtres étaient-elle motivée?

Oui, si on veut tenir compte de l'essor commercial que, déjà, avaient prises les diverses industries en général, et en particulier des progrès qu'avait fait, en quatre siècles, le travail de la pâtisserie.

On peut très bien admettre aussi que les Maîtres pâtissiers eurent surtout en vue de faire chercher aux jeunes gens un perfectionnement dans la profession, de les obliger à augmenter leur érudition, de gagner enfin un peu d'expérience qui est le corollaire indispensable du savoir. Seulement, pour être tout à fait juste et acceptable, il eût fallu que la mesure fut applicable à tous sans exception : aux ouvriers ordinaires comme aux fils de Maîtres. Mais des exemples nombreux démontrèrent qu'elle avait été surtout conçue en faveur des uns au détriment des autres ; dictée par l'idée dominante de la concurrence à éviter à tout prix, et par le désir manifesté d'écarter les postulants sans attaches patronales, au profit des fils de patrons appelés à la succession.

Cette décision brisa le lien familial qui unissait l'apprenti à son maître, parce qu'elle l'en éloigna ; ce fut aussi une mortelle atteinte portée à l'esprit de confraternité qui, jusque-là, avait existé entre Maîtres et ouvriers, presque traités en égaux.

En cela, la corporation des pâtissiers n'avait fait que suivre l'exemple d'autres corporations, où le compagnonnage existait déjà ; mais les conditions rigoureuses qu'elle imposa ensuite aux ouvriers, destinés à restés ouvriers sans espoir de parvenir jamais à la Maîtrise, créa entre les deux éléments une distinction qui n'existait pas précédemment.

C'était le premier brandon de discorde ; le premier choc de la force "travail" contre la puissance "capital"; et les choses se sont singulièrement aggravées depuis.

A partir de ce moment, c'en fut fait de l'entente fraternelle, et l'aigreur des ouvriers s'accrut par les exagérations autoritaires.

Au lieu de la simple attestation qu'il était « libre de tout engagement », qui avait suffi jusque-là, l'ouvrier dut fournir des certificats singulièrement compliqués, mentionnant s'il était de bonne vie et mœurs, ses sentiments religieux, et le consentement du Maître qu'il quittait de pouvoir servir ailleurs. En plus, aucun Maître ne pouvait engager un ouvrier que par l'intermédiaire du clerc du mestier, dont le bureau était rue de la Poterie ; et ce placement, par intermédiaire obligatoire, ne devait certainement pas se faire sans quelque pressuration sur la bourse de l'ouvrier.

*
* *

Cette obligation, de ne prendre leurs ouvriers que par l'intermédiaire du clerc de la corporation fut édictée par les pâtissiers eux-mêmes, dans leurs statuts de 1566 ; et là encore, ils suivaient l'exemple déjà donné par un grand nombre d'autres corporations. Quoiqu'il en soit, c'est de là que date l'origine des bureaux de placement, et il est présumable que, au lendemain du décret prononçant la dissolution des corporations, les clercs en fonctions s'instituèrent placeurs pour leur compte. Je me garderai bien d'entrer dans des considérants à ce sujet qui m'entraîneraient trop loin ; mais je puis dire au moins que, si les placeurs, dans la généralité, avaient su se contenter de la juste rémunération due légalement pour leurs services d'intermédiaires entre la demande et l'offre ; s'ils avaient su se garder de la suspicion légitime qui les entoure ; si par des abus exaspérants et des exigences hors de limite, ils n'avaient mis l'opinion contre eux, ils seraient restés les intermédiaires dont l'utilité ne pouvait être contestée, même à notre époque de syndicats patronaux et ouvriers. Et, de cette exploitation reconnue, patente, du travailleur, il est résulté cette hostilité farouche, terrible, cette haine implacable vouée à une institution que balayera, aujourd'hui ou demain, l'irrésistible ouragan des colères populaires.

En ces clercs de mestiers chargés du placement des ouvriers, il y avait le germe des placeurs attitrés de plus tard, et ce fut encore une vexation pour l'ouvrier, habitué jusque-là à traiter de gré à gré avec le patron chez lequel il se présentait.

**

Le sort de l'ouvrier, au point de vue matériel et moral, fut bien meilleur à la fin du Moyen-Age qu'au commencement de la Renaissance, et tout le prouve irréfutablement.

Au xviiie siècle, les corporations étaient une force de l'Etat, et leurs richesses faisaient leur puissance. Était-ce une raison pour asservir encore l'ouvrier, et les Maîtres des xiii° et xiv° siècles n'étaient-ils pas plus sages en faisant de leurs ouvriers, indispensables collaborateurs, des égaux et des amis ?

Une sentence de police du 31 octobre 1739 est à citer comme un monstrueux exemple d'oppression ouvrière, car elle dit : « On doit refuser tout asile, toute nourriture à l'ouvrier qui n'est pas muni de certificats ; le seul logement qui lui convienne est la prison. Sous peine d'une amende de vingt livres, défense est faite aux maîtres de cabarets, auberges et chambres garnies, de recevoir des compagnons dans leurs maisons, que préalablement ils ne leur aient représenté et fait apparoir le certificat de leur dernier maître. Les jurés des corporations sont autorisés à se transporter, accompagnés d'un commissaire ou d'un huissier du Châtelet, dans les auberges, cabarets et chambres garnies, à l'effet de faire arrêter et constituer prisonniers ceux qu'ils trouveraient n'être point munis de certificats en la forme prescrite. » Exception n'était pas faite, bien entendu, pour les ouvriers pâtissiers. Mais n'était-ce point là un régime de bon plaisir et d'arbitraire dont s'effare notre esprit d'hommes élevés dans les principes de liberté et d'égalité devant la loi, pour tous les citoyens, patrons et ouvriers ? Et peut-on s'étonner que, cinquante ans plus tard, une explosion de fureur populaire ait brisé la Royauté, cou-

pable d'avoir sanctionné de telles atteintes portées
à la liberté et à la dignité des travailleurs ?

*
* *

Il semble que, dans la corporation des pâtissiers, il fut d'usage en tous temps d'engager les
ouvriers au mois et que, antérieurement au
xvie siècle, il était stipulé un dédit de gré à gré
entre les parties, en cas de rupture d'engagement.
Mais à partir du xviiie siècle, l'intervention de la
police se manifeste, et c'est ainsi que l'édit policier, cité plus haut, précise que l'ouvrier pâtissier
qui veut quitter son maître doit l'en avertir
quinze jours à l'avance. La mesure était excellente à condition qu'il y eût réciprocité, ce dont
il n'est pas fait mention ; et il fut même un temps
où cet avertissement devait être donné par écrit.

En plus, si un ouvrier abandonnait son travail
avant l'époque fixée, la police intervenait, recher-
chait le délinquant et l'amenait au Châtelet, où
l'attendait presque toujours la condamnation de
quitter Paris, avec défense expresse d'y rentrer
avant trois ans. Mais la police n'intervenait que
si, dans un délai de trois jours, l'ouvrier n'avait
pas repris son travail.

Jusqu'à la fin du xvie siècle, la corporation
resta maîtresse chez elle, libre de s'administrer
comme bon lui semblait ; mais à partir de ce
moment, l'ingérence royale qui, jusque là, ne

s'était manifestée que timidement, le fit résolument ; comme dans toutes les corporations d'ailleurs ; et, à leur tour, celles-ci sentirent peser sur elles l'oppression et l'arbitraire.

Cela commença par la création du titre de « Maître sans qualité. » La Maîtrise, aspiration suprême de tout ouvrier, était restée le palladium des corporations ; et les obstacles semés sur le chemin des aspirants en rendait l'obtention d'une difficulté extrême, sauf pour les fils de Maîtres. Plus ne fut besoin alors de faire preuve d'habileté professionnelle ; partant, plus besoin d'apprentissage, de stage de compagnon attendant maîtrise, ni d'examens ; il suffit d'acheter au Roi des lettres de Maîtrise. Le Trésor avait trouvé là un filon à exploiter, mais les Maîtres pâtissiers s'insurgèrent contre l'ordre de recevoir parmi eux ces Maîtres sans qualité, qui furent soigneusement maintenus à l'écart.

L'exemple avait été donné timidement par François II ; il fut suivi avec hésitation par Charles IX, et adopté résolument par Henri III. Toute occasion fut bonne désormais pour créer des Maîtrises sans qualité.

En 1581, ce dernier, en créant trois nouveaux Maîtres sans qualité dans chaque corporation, justifiait sa décision en disant que « l'abondance des artisans rend la marchandise à beaucoup meilleur prix ». C'était, sous une autre forme, l'axiome « la concurrence est l'âme du commerce »; et ce père des *mignons* y mettait quelque forme.

Plus tard, les pâtissiers se rebellèrent hardiment contre l'admission de confrères ignorant tout du métier, et demandèrent qu'il fût au moins imposé l'épreuve de l'*Expérience*, ou simplification considérable du chef-d'œuvre, à ces acquéreurs de brevets de Maîtrise. Eurent-ils gain de cause? Aucun document ne le dit.

Mais comme les droits conférant ces brevets étaient devenus très élevés, leur succès n'était plus que très relatif, quand vint Louis XIV.

Le roi Soleil avait l'esprit inventif; lui, ou ses conseillers; mais un autre moyen fut vite trouvé pour frapper d'impôts les corporations, et l'édit de mars 1691 commença la série. Il s'arrogea donc le droit de nommer les jurés qui étaient en somme les directeurs de ces corporations, et qui, jusque là, avaient été nommés par celles-ci. Bien mieux, ces charges de jurés, qu'il mettait en vente, étaient héréditaires, et point n'était besoin, pour s'en rendre titulaire, d'être Maître en la corporation, ni même d'appartenir à la corporation.

C'était la porte ouverte à tous les abus, aux vexations et à l'arbitraire, par cette immixtion d'étrangers investis de tous droits de contrôle du travail, inspection des livres, etc.

Les pâtissiers s'en effrayèrent et adressèrent au roi une requête expliquant : « qu'ils avaient un

notable intérêt à ce que ces fonctions fussent
confiées à des gens de probité et d'expérience
professionnelle; qu'il fût possible d'en dépossé-
der ceux qui en abuseraient, et qu'il serait juste
que ceux qui seraient en état de remplir ces
fonctions le pussent à leur tour; ce qui ne se
pourrait si ces charges étaient héréditaires.

Ils demandaient en outre que ces nouveaux
offices fussent englobés dans l'administration de
leur communauté; ce qui était d'habile tactique,
puisque, de cette façon, celle-ci restait maîtresse

1636. — JETON DES JURÉS DE LA PATISSERIE

chez elle. Enfin, comme argument convaincant,
ils offraient de verser 2.000 livres au Trésor pour
qu'il fut fait droit à leur demande, et s'enga-
geaient encore à payer 30 sols par an et par boutique visitée; dont un tiers serait attribué aux
jurés, et les deux autres tiers versés dans la
Caisse de la communauté. Si ces jurés étaient
des Maîtres du métier, la redevance ne devait
être que de 20 sols répartis de même.

Le Grand Roi approuva les pâtissiers, qui
étaient allés d'ailleurs au devant de ses désirs,
mais il y eût une petite addition aux statuts; et

c'est ainsi que, à partir de ce moment, le Maître reçu au chef-d'œuvre qui, jadis, n'entraînait aucuns frais, eût à payer un léger supplément de 200 livres, plus 10 livres d'enregistrement pour son brevet, plus 40 sols pour les jurés. Les ouvriers attendant Maîtrise furent imposés de 12 livres à verser dans la caisse commune, et de 3 livres à payer aux jurés, et les fils de Maîtres eurent le privilège, un peu coûteux cette fois, de payer 20 livres plus que les autres. Il y eut enfin un droit établi de 12 livres pour ouvrir une boutique.

Trois ans plus tard exactement, l'état des finances se faisant précaire, Louis XIV s'aperçoit qu'il n'aurait pas dû autoriser les pâtissiers à racheter les offices de jurés, et, sous le prétexte un peu fallacieux que les comptes des Maîtres sont mal tenus, il crée d'un trait de plume des offices « d'auditeurs examinateurs des comptes », ce qui était un peu plus grave que les offices de jurés.

Nouvelle protestation des pâtissiers qui, suivant l'exemple d'autres corporations de l'alimentation, et pour éviter l'intrusion chez eux de ces examinateurs de comptes, versent encore 16000 livres. Mais, comme en matière d'impôt la progression suit toujours une marche arithmétique, le droit de visite des jurés est augmenté de 10 sols ; celui d'ouverture de boutique monte de 12 à 20 livres, le transport des brevets d'apprentis-

sage est porté de 15 à 18 livres, et le droit supplé-
mentaire des fils de Maîtres passe de 20 à 40
livres.

Comme dédommagement, il fut accordé à la
Communauté de créer pour son compte quatre
places de Maîtres sans qualité, qui paieraient
400 livres chacun, et d'accorder les prérogatives
d'*anciens* à six jeunes Maîtres, moyennant une
redevance personnelle de 300 livres. Ainsi, les
portes de la Communauté, qui jusqu'au xviie siècle
avaient été hermétiquement closes pour quiconque ne justifiait pas par des preuves qu'il était
digne de prendre place au rang des Maîtres,
devaient désormais s'ouvrir pour quiconque était
fortuné ; et le droit de Maîtrise qui, jusqu'au
xve siècle, et même pendant une grande partie du
xvie, ne coûtait rien, coûtait 300 livres au postu-
tulant du xviiie siècle.

Enfin de 1702 à 1710, Louis XIV dont il
semble que l'idée dominante fut de ruiner le commerce, crée encore les charges de Trésorier-
Receveur ; de Contrôleur des poids et mesures ;
de Greffier-d'enregistrement des brevets d'apprentissage et lettres de Maîtrise ; de Contrôleur
des registres ; Garde des archives, etc., que la
corporation dut successivement racheter.

En 1740, Louis XV imite l'exemple de son
grand-père, en instituant des offices « d'Inspec-
teur Contrôleur » dont les pâtissiers purent encore
s'affranchir en payant 48000 livres. Il était impos-

sible de pousser plus loin la mise en coupe réglée d'une corporation.

Bien antérieurement à Louis XV (à partir du xvie siècle), il existait des charges de Maîtres privilégiés qui devaient suivre la Cour dans tous ses déplacements et exercer pour son usage ; mais leurs boutiques de Paris devaient être fermées trois jours après le départ. Ces privilégiés, qui recevaient leurs lettres du Roi, étaient exemptés de toute visite des jurés ou autres. Les pâtissiers avaient huit de ces charges, qui étaient payées dans les 12000 livres. (Le chiffre n'est pas précis, mais assez admissible, puisque une charge privilégiée de marchand de vin coûtait 25000 livres.

La situation des pâtissiers était certes loin d'être aussi florissante à cette époque que deux siècles auparavant : aussi bien pour les Maîtres ruinés par le fisc, que pour les ouvriers qui n'avaient pour ainsi dire plus aucun espoir de jamais s'affranchir, et qui se ressentaient naturellement de ces coups portés au commerce.

Chose curieuse : du xiiie siècle où la corporation a sa véritable origine, jusqu'au xviiie, aucun nom de Maître pâtissier ne se trouve dans les documents ; sauf celui d'un nommé Noël, qui eut à soutenir contre la corporation des charcutiers un procès sur lequel je reviendrai plus loin.

Il est enfin établi par Vinçard qu'il y avait, en 1767, à Paris, 200 maîtres-pâtissiers, dont un tiers d'*anciens*, titre qui se payait la bagatelle de

1.200 livres. Toujours d'après le même auteur, on comptait 402 établissements de pâtisserie à Paris, en 1851.

*
* *

Ce qui suit est pour ainsi dire de l'histoire moderne que chacun connaît. En 1776, Turgot entreprit la suppression des communautés, et Louis XVI, gagné par son ministre, se tourna résolument contre l'institution qu'avait toujours protégé la Royauté.

Admirable est ce préambule de l'édit royal, dont l'esprit se retrouve plus tard dans la « Déclaration des Droits de l'Homme et du Citoyen »... « L'homme a des besoins qui, lui rendant nécessaire la ressource du travail, font du droit de travailler la propriété de tout homme. Et cette propriété est la première, la plus sacrée, et la plus imprescriptible de toutes. »

Mais le ministre libéral se heurta à la résistance du Parlement, qui refusa d'enregistrer le décret de dissolution des communautés, dont l'avocat-général Séguier se fit le défenseur, en représentant que ce nouvel état de choses était un bouleversement de l'ordre social et la ruine du commerce. Comme on l'a vu précédemment, Louis XIV s'était chargé de la commencer.

Six mois plus tard, Turgot était renversé et un nouvel édit rétablissait les communautés avec

un plan bâtard qui ne pouvait ni satisfaire les patrons ni contenter les aspirations ouvrières. Enfin,
quinze années après, le 2 mars 1791, l'irrémédiable
déchéance des corporations tombait de la tribune
de l'Assemblée nationale avec ces trois lignes,
lues par un rapporteur : « A partir du 1er avril
quiconque sera libre d'exercer tel négoce, profession ou industrie, à condition de payer
patente. »

Parallèle

Communautés anciennes et Syndicats modernes

APRÈS cette rapide esquisse de ce que fut notre corporation dans les siècles passés, la comparaison s'impose d'elle-même entre les communautés aux jours de leur splendeur et de leur force ; associations de volontés dominantes et impératives, et les Syndicats, forces collectives ayant sensiblement le même objectif, mais s'efforçant de l'atteindre par les moyens d'études et de conciliation qui sont la caractéristique de notre époque.

Et d'abord, peut-on regretter ces Communautés de la fin qui, dévoyées de leur but primitif, se gouvernèrent par l'arbitraire, la volonté du plus fort et la protection de la Royauté? Assurément non ; et ce qui fut possible, en ces temps d'illégalité, ne le serait plus aujourd'hui. Ne nous en plaignons pas. La Révolution a nivelé les rangs en abolissant de scandaleux privilèges, et le grand souffle de justice qui est passé, a créé l'égalité sociale basée sur les droits et les devoirs de chacun,

Telles qu'elles étaient à leurs débuts, les Communautés étaient une institution respectable et utile. Tant qu'elles n'eurent pour but que les intérêts corporatifs et la sauvegarde de la profession ; tant qu'elles se bornèrent à édicter des prescriptions ayant pour seul mobile de se donner des Maîtres de capacités reconnues ; tant qu'elles furent ouvertes à quiconque pouvait s'élever à force de travail, d'énergie et d'intelligence, l'institution eut un caractère de grandeur et d'indéniable noblesse.

Mais, du jour où, avec les privilèges admis en faveur d'une classe, s'accusa l'injustice ; que les obstacles, à dessein semés sur la route des ouvriers qui n'avaient à compter que sur eux leur rendit la Maîtrise impossible, et que s'amoncelèrent autour d'eux des mesures de rigueur injustifiées, ce fut une institution condamnée, parce que l'esprit de justice et d'équité n'y était plus.

* *
*

Je l'ai dit plus haut : l'antagonisme regrettable qui existe entre le Travail et le Capital ne date pas d'aujourd'hui ni d'hier ; il faut le faire remonter aux corporations des xvii⁰ et xviii⁰ siècles, dont le rôle fut néfaste.

Turgot, esprit libéral devançant son époque, l'avait bien compris ; mais les hommes à idées rétrogrades, soutiens de la Royauté déjà défaillante, brisèrent l'œuvre qui devait avoir sa définitive sanction au lendemain de la Révolution.

Aux communautés patronales de jadis, j'oppose nos Syndicats modernes, institution de pure essence démocratique où patrons et ouvriers délibèrent et légifèrent pour la défense de leurs intérêts respectifs. Instruments de progrès et de pacification dont nous a dotés la République; mais non pas foyers d'insurrection et armes de combat comme certains le comprennent.

Ici, association de volontés patronales, d'expériences industrielles et commerciales, tendant à créer des moyens économiques de production dont chacun est appelé à bénéficier, à donner au travail son essor vainqueur, et à défendre les intérêts communs. Là, associations de volontés ouvrières qui devraient être le corollaire des premières, sans négliger pour cela la défense de leurs propres intérêts, et que des doctrines néfastes et des conseils pernicieux détournent de leur but, en montrant le patron comme l'éternel exploiteur.

Intérêts patronaux et ouvriers relèvent pourtant de la même source ; la prospérité des uns est l'assurance de la prospérité des autres ; et rien d'efficace n'est possible sans l'alliance loyale et la confiance réciproque des deux parties. Le moment n'est peut-être pas loin où les ouvriers désabusés comprendront que leur salut n'est pas en de vagues périodes déclamatoires de meneurs sans scrupules et sans foi ; mais dans l'entente cordiale et définitive avec les patrons qui voient en eux, non des ennemis à combattre, mais des collaborateurs précieux, et souvent plus.

On le comprendra d'autant mieux, que l'ouvrier d'aujourd'hui peut être le patron de demain. Il n'est plus aujourd'hui de barrières placées devant le courage et l'intelligence qui veulent parvenir ; et trop grands sont l'esprit et le bon sens de notre race pour que l'erreur se perpétue, pour que s'éternisent l'obstruction et la lutte stériles, fatales surtout à notre richesse nationale.

Au delà des brumes du présent, j'entrevois le soleil de l'avenir : la pacification des esprits par la misère atténuée, sinon supprimée ; la confiance et l'estime réciproques ; la fusion des Fédérations syndicales patronales et ouvrières ; l'alliance à jamais conclue du Capital et du Travail, forces irrésistibles, marchant à la conquête du progrès sans barrières, et du mieux sans limites.

Et ceci n'est pas la péroraison d'un sujet, mais une conviction exprimée, des espoirs réels que fortifie une robuste foi.

Groupements Modernes

Associations Commerciales ouvrières de 1848
Syndicats patronaux
Création d'établissements de production collectifs

A partir de l'époque où fut prononcée la dissolution des Corporations organisées, jusqu'à une époque qui est la nôtre, le mouvement social fut pour ainsi dire nul chez les pâtissiers. J'entends au point de vue de l'examen et de la défense des intérêts généraux par des groupements légalement constitués, mais l'esprit de solidarité n'en subsista pas moins aussi vif que par le passé, et la preuve en est dans la lutte énergique soutenue avec ensemble par les patrons pâtissiers, contre la concurrence commerciale entreprise contre eux par les boulangers, et qui les mit dans l'obligation de faire valoir en haut lieu leurs revendications, en arguant de faits qui, justes alors, le sont encore aujourd'hui.

Dans le chapitre intitulé « Faits de Concurrence », je rapporte tout au long la mémorable défense que nos devanciers firent pour leurs intérêts, en m'en référant à des documents dont la valeur ne peut être méconnue ; et il est bien certain que beaucoup de nos vieux collègues ont la souvenance de ces incidents.

Les autres faits saillants qui se produisirent au cours du siècle dernier sont connus de beaucoup, du moins dans leurs grandes lignes, et peuvent sembler n'avoir, à première vue, qu'un intérêt relatif, puisque ces faits sont enregistrés par des procès-verbaux publiés par nos journaux spéciaux et conservés dans nos archives.

Mais quelle que soit l'extension de cette publicité, j'estime qu'il est bon, qu'il est utile que tout ce qui, de près ou de loin, touche à l'état social de notre Corporation soit synthétisé sous une forme ou une autre, pour que les jeunes gens et les ouvriers qui seront nos successeurs apprennent ce qui se faisait dans les siècles passés, et ce qui se passa dans des temps plus récents, afin d'en tirer les enseignements nécessaires pour assurer et régler leur marche en avant. Il est non moins nécessaire de résumer les documents nous concernant spécialement, afin de faciliter la tâche aux historiens de l'avenir.

Cette brochure, dans laquelle je cherche à mettre en parallèle le passé et le présent, me semble avoir un caractère essentiellement utile et moralisateur. En recherchant les faits de notre histoire sociale, mon but n'a pas été de les commenter avec un esprit de caste, mais avec ma conscience d'homme, sachant et jugeant quels sont les droits et les devoirs des ouvriers et des patrons, et je le fais avec d'autant plus d'assurance et de certitude que, avant d'être patron, je fus longtemps ouvrier.

*
* *

Depuis l'édit consulaire de 1801, portant interdiction aux boulangers de faire de la pâtisserie, ni d'en donner à leurs clients, même à titre d'étrennes, et la création, en 1806, des Conseils de Prud'hommes, dont le rôle fut d'ailleurs assez insignifiant, rien de susceptible d'intéresser ne se produisit dans la Corporation jusqu'en 1849. La pâtisserie ne compte alors nul groupement patronal ou ouvrier, et chacun se renferme dans la défense de ses intérêts particuliers, sans se soucier des intérêts supérieurs de la collectivité. Il fallut, comme je le dirai plus loin, un concours de circonstances menaçant de créer à notre commerce une situation déplorable, pour que les pâtissiers s'émeuvent et sortent de leur apathie, comprennent que leur devoir et leur intérêt étaient de suivre le mouvement en avant qui se dessinait, et reconnaissent qu'il leur était impérieusement nécessaire de se grouper, de former, avec les volontés éparses et impuissantes, une puissante force défensive.

Dans la période de 1848 à 1852, le mouvement ouvrier se tourna vers les Associations, et les ouvriers de l'Alimentation furent des premiers à les organiser. Malheureusement, ces Associations commerciales, exclusivement ouvrières, et dont le but était excellent, sombrèrent au bout de peu de temps. Leurs membres avaient bien l'initiative intelligente et le génie organisateur, mais ils manquaient d'esprit commercial.

Aussitôt après la Révolution de 1848, un groupement d'ouvriers cuisiniers fonda les « Cuisines bourgeoises » dont, dans le numéro de la *Voix du Peuple* du 22 octobre 1849, Mme Pauline Roland faisait le plus grand éloge, et qui ne vécurent que quelques années. Entraînés par l'exemple, quelques ouvriers pâtissiers s'organisèrent également en Association et, en 1850, fondèrent, rue de Richelieu, un établissement qui avait une succursale dans la rue Saint-Denis ; mais, pas plus que celle de leurs confrères les cuisiniers, la tentative n'eut de réussite, et son existence fut très éphémère. C'est, je crois, le seul essai commercial tenté par les ouvriers pâtissiers, et son infructuosité n'encouragea pas les ouvriers suivants à en essayer de nouveau.

Vint l'Empire, époque d'inoubliable prospérité commerciale, et la période de 1851 à 1858 fut toute prise par la lutte relatée plus loin contre la concurrence des boulangers.

En 1865, il existait un groupe patronal amical dont le siège était au Café des Commerçants, rue de la Feuille, et dont faisaient partie des pâtissiers très connus, comme MM. Bareiller, Linck, Douai, Félix Petit, Cassaigne, Julien, etc. Ce groupe eut son utilité, car ce fut ceux-là mêmes qui le composaient qui jetèrent, en 1876, les fondements du premier Syndicat de pâtissiers.

Certes, le meilleur et le plus sûr historiographe de la pâtisserie serait M. Privé qui, depuis quarante années, en suivit de près ou de loin les divers mouvements, et nul mieux que lui ne peut retracer ce que fut la marche de la plus importante, par le nombre et par le but, des Sociétés de pâtissiers : j'ai nommé la Saint-Michel. Et c'est au discours prononcé par lui à l'Assemblée générale tenue par le Syndicat, le 3 juin 1898, que j'emprunte ces documents.

En 1868, quelques ouvriers pâtissiers entreprirent de fonder une Société dont le double but devait être le placement gratuit et l'entr'aidement mutuel. Et il faut bien remarquer que, à partir de ce moment, les idées de groupement eurent toujours pour objectif d'affranchir les ouvriers de la tutelle onéreuse des bureaux de placement.

L'histoire de la Saint-Michel constitue de belles pages, et elle montre ce que peuvent la persévérance et la conviction quand existe la foi dans l'œuvre. Elle eut, cette Société, des hommes de cœur, d'honneur et de dévouement, dont les noms mériteraient d'être gravés sur le marbre du souvenir ; et ceux des philanthropes et mutualistes convaincus que furent MM. Julien, Guerbois, Privé et Marchand, doivent être réunis dans un même cadre, parce qu'ils s'auréolèrent du même rayonnement de sympathie et de respect qui vont à ceux qui surent être utiles sans bruit, et firent le bien pour le bien.

Bien que certains des fondateurs de cette Société, pâtissiers de boulangerie pour la plupart, désirassent s'affranchir de tout concours patronal, la présidence en fut offerte à M. Auguste Julien, un peu par nécessité, mais surtout par respect et convenances. Comme toujours, les débuts furent brillants, et 400 membres se trouvèrent inscrits dès la première année. Mais un antagonisme s'éleva bientôt entre ceux qui désiraient donner à l'œuvre une extension de mutualité plus grande, et ceux, principalement ouvriers de boulangerie, qui voyaient surtout la question du placement.

En coup de foudre, la guerre éclata, interrompant la vie ordinaire, et désorganisant le commerce, en appelant aux frontières une grande partie des sociétaires. De groupement corporatif, il était loin d'être question, en ces temps de honte et de tristesse où les canons allemands hurlaient lugubrement aux portes de Paris, où tout homme valide avait remplacé l'outil pacifique par l'arme meurtrière.

L'émoi passé, et les esprits revenus au calme, chacun n'eut plus qu'une préoccupation : reprendre le travail interrompu ; mais la guerre avait rompu les liens, aveuli les volontés, et éteint les ardeurs du début.

En 1871, au mois de novembre, une réunion
générale eut lieu, sous la présidence de M. Sonnet, appelé à la succession de M. Julien, retiré
et démissionnaire, et ce fut une stupeur de constater combien peu des fervents et des enthousiastes
de jadis étaient présents. Devant les embarras de
la situation, M. Sonnet démissionna et fut remplacé par M. Narcisse Julien qui, avec une rare
énergie, s'appliqua à rendre à la Saint-Michel les
jours florissants du début. Pendant dix-sept
années, il resta sur la brèche, gouvernant, con-
seillant, encourageant ; assisté, d'ailleurs, d'un
homme aussi convaincu et énergique que lui,
M. Privé ; et quand fut promulguée la loi de 1874
sur le travail des apprentis, ce fut cette Société,
seul groupement constitué et organisé de la pâtisserie, qui assuma la responsabilité des démar-
ches, pour obtenir des pouvoirs publics la tolé-
rance nécessaire.

En intervenant aussi efficacement, elle rendit à
la corporation tout entière un signalé service.
Fût-ce là l'une des causes qui vainquit l'indiffé-
rence et créa un renouveau de solidarité, qui
groupa à nouveau autour d'elle tant d'hommes
de mérite? Elle y gagna aussi une prospérité plus
grande, et les services qu'elle rendit encore
accrurent son développement et sa considération.

Je ne rappelle que brièvement l'histoire de cette
belle et utile Société, car le soin d'écrire son historique au jour le jour appartient à celui qui,

depuis des années, en est la cheville ouvrière, l'âme énergique, et qui donne l'un des plus beaux exemples de la Mutualité noblement comprise.

Avec un grand bon sens, M. Privé disait : « En réorganisant le placement, la Saint-Michel a voulu remédier à une difficulté qui se fait de plus en plus grande : celle de trouver de bons ouvriers, et son but a été d'y grouper les ouvriers sérieux, stables, susceptibles de donner le bon exemple, et de les opposer à ceux qui, trop nombreux, donnent le mauvais exemple. Je suis de ceux qui pensent que l'on doit chercher à moraliser la jeunesse, car là est le seul remède, et qu'il ne faut pas écouter les pessimistes et les égoïstes qui ne savent que déplorer ou récriminer, mais ne veulent rien entreprendre pour remédier au mal, et préfèrent dire : il n'y a rien à faire. Cela dénote un manque de courage civique et l'on ne saurait trop réagir contre ce sentiment.

L'intervention obligée de la Saint-Michel, au sujet de l'application de la loi de 1874, fit comprendre qu'il était d'urgence extrême de constituer un groupement, spécialement chargé de prendre en main les intérêts généraux de la corporation, et sous l'initiative de MM. Julien, Bigé, Petit, Félix et Thibaut, une Assemblée générale corporative où furent jetées les bases d'un Syndicat eut lieu le 31 janvier 1876.

Mais, à cette époque, l'idée syndicaliste était encore embryonnaire, elle effrayait même un peu,

et, au bout de peu de temps, ce Syndicat, qui
avait essayé d'unir ses destinées à celles de la
Saint-Michel, dut se dissoudre, et le groupe amical qui l'avait constitué se reforma comme avant.

**
*

Lorsque la loi du 2 novembre 1892 sur le travail
des enfants, filles mineures et femmes dans les
établissements industriels entra en application,
les patrons pâtissiers s'émurent, et le groupe
patronal précité prit l'initiative d'une pétition
signée de tous les intéressés, et d'un rapport en
appuyant les considérants. Pétition et rapport
furent, en mars 1893, adressés au Conseil d'Etat
qui, très justement, fit observer aux requérants
que les observations au sujet du travail des enfants
et filles mineures employés dans leurs établissements eussent dû être formulées avant l'application de la loi. Mais, néanmoins, le Conseil
d'Etat prit en considération la demande des pâtissiers et les fit informer par une lettre du ministre
M. Terrier, adressée à M. Privé, que les pâtisseries ne rentraient point parmi les établissements
visés à l'article 1 de la loi précitée; et que, par
conséquent, les règlements rendus pour assurer
l'exécution de la dite loi ne sauraient en l'état
actuel de la législation leur être applicables.

Cette décision du Conseil d'Etat fut une justice
et non une faveur, car il est impossible d'assimiler
le travail et le fonctionnement des établissements

de pâtisserie, à ceux d'autres commerces ou industries. Dans la majeure partie de ces industries ou commerces, le travail, sa forme, sa durée, peuvent être réglementés parce que la nature de ce travail ou de la vente des objets fabriqués s'y prètent; mais il n'en est pas, il n'en peut être, et il n'en sera jamais ainsi dans les professions de l'Alimentation, où le travail n'a comme règles que la volonté du client, ou arrivent les demandes immédiates du public qui, non moins immédiatement, doit être satisfait.

Une infinité de produits industriels et même alimentaires peuvent se préparer à l'avance, être emmagasinés et attendre la vente; mais il n'en est pas de même dans la pâtisserie qui, par le caractère de sa fabrication est, pour ainsi dire, un travail de tous les instants qui exige la présence à son poste de tout le personnel chargé d'en assurer l'exécution.

L'application de cette loi de 1892, excellente pour certains commerces et industries, aurait apporté chez nous un trouble profond et une sorte de désorganisation dans les rouages de nos travaux. Ce qui est possible à côté ne l'est pas chez nous; et cette situation n'est pas créée par nous, elle est une résultante directe de notre profession. La chose est tellement vraie qu'elle fut admise par le Conseil d'Etat.

Mais ce fut encore une leçon pour les patrons pâtissiers qui, cette fois, reconnurent l'urgence de

suivre le mouvement et de s'allier pour la défense
de leurs intérêts collectifs ; de démontrer au
besoin, si le cas se représentait, les conséquences
désastreuses que certaines lois ouvrières, édictées
certainement dans un but humanitaire et démocratique, peuvent avoir dans un métier comme le
nôtre, par la perturbation qu'elles apporteraient
dans ce qui est la branche capitale : le travail.

Le Syndicat fut donc reconstitué sur de nou-
velles et solides bases. Très habilement dirigé dès
ses débuts, il a pris l'une des places importantes
parmi les syndicats patronaux, et il est devenu non
seulement un élément de défense sociale, mais une
véritable association dont les efforts tendent à
faciliter et simplifier la production de certains
articles de notre commerce. S'il n'a pu, jusqu'ici,
réagir efficacement contre la concurrence de plus
en plus grande que créent à la pâtisserie certains
commerces de l'Alimentation qui, usant largement de la liberté du commerce en englobent
toutes les branches, il s'est, tout au moins, puis-
samment organisé pour la défense des intérêts
généraux de la corporation.

Je parlerai plus loin de certains faits de concurrence, contre lesquels les pâtissiers protestèrent
d'ailleurs énergiquement et infructueusement, et
cette concurrence n'a fait que de croître et augmenter. La caractéristique de notre époque est la
centralisation à outrance, et la centralisation
commerciale est la plus dangereuse parceque,

dans cette lutte inégale, c'est le petit commerçant dont les capitaux sont restreints qui succombe infailliblement. Le mal est visible, le danger est certain, et la force des choses fera peut-être bientôt une obligation d'en revenir à la spécialisation des commerces.

Dans cette étude, il me semble utile d'insister tout particulièrement sur la façon dont notre syndicat a compris son rôle économique, et su concilier les intérêts particuliers avec les intérêts généraux.

La création d'une Glacerie destinée à alimenter de ses produits les membres du Syndicat des pâtissiers fut la résultante d'une série de faits connexes. Déjà, en 1895, certains commerçants, tant à Paris qu'en province, s'étaient groupés pour maintenir les prix de certains produits nécessaires à la fabrication de la pâtisserie, et le syndicat comprit alors qu'il était de l'intérêt de ses participants de résister à cet état de choses par *pari refertur*.

Jusque là, les glaciers spéciaux, fournisseurs habituels des pâtissiers, prenaient en échange à ceux-ci : gâteaux, petits fours, cuisine; et tout ce qui n'était pas de leur ressort direct; mais à leur tour ils s'organisèrent pour pourvoir à tous leurs besoins dans leurs établissements mêmes. En plus, par une anomalie étrange qu'explique la liberté du commerce, l'Epicerie se posait tout à coup en concurrente, et adjoignait aux déjà multiples branches de son commerce, celle de la Pâtisserie. Il était donc tout indiqué que le syndicat devait prendre des mesures pour remédier à un désastreux état de choses.

M. Briam, président du Syndicat, soumit alors un projet de réunir les capitaux nécessaires pour créer une usine, où se fabriqueraient les glaces, selon tous les perfectionnements modernes. L'utilité de l'idée n'échappa à personne, et un groupe de fervents constitua un capital social de 40.000 francs. Les statuts furent élaborés par MM. Briam, Beauduin, Sonder, Charabot, Dalloyau, Mongrolle et Noël, et le 1er juillet 1898, était fondée la *Glacerie Parisienne*, société anonyme des Pâtissiers de Paris.

L'élan était donné, et ce m'est un devoir impérieux de rendre hommage à l'énergique champion qui en fut l'initiateur, et que la mort vint surprendre avant la complète floraison de son œuvre. J'ajoute que son successeur, M. Sonder, aidé d'un Conseil d'administration expérimenté, continue à donner à l'entreprise un développement et une prospérité plus grands.

Le nombre des patrons pâtissiers venant au Syndicat s'augmentant de plus en plus, il s'ensuivit que le capital social primitif fut porté à 50.000 fr., puis à 200.000 : chiffre qui a son éloquence.

Une deuxième usine fut créée pour la fabrication des chocolats, pâtes d'amandes broyées mécaniquement, fruits au naturel, conserves, etc., toutes matières premières indispensables, dont l'apprêt de quelques-unes entraînaient à un labeur pénible. En rendant de signalés services à tous les syndiqués, cette société a donc en même temps réalisé un progrès notable, en affranchissant les ouvriers, et surtout les apprentis, des rudes besognes préliminaires, ce qui leur permet de s'employer plus utilement aux vrais travaux du métier ; et, d'ores et déjà, cette adoption du travail par le machinisme peut être envisagé comme le corollaire d'une réduction du temps de l'apprentissage. Telle est l'œuvre de mutualité commerciale, vivace et prospère, née sous l'égide du syndicat, et dont il était utile de dire un mot ; œuvre qui contrebalancera victorieusement sous peu la concurrence des sociétés à grands capitaux, qui s'adjoignirent indûment la pâtisserie.

**

Devant le formidable effort du progrès toujours en marche ; en présence des modifications qui se manifestent journellement, et des difficultés morales et matérielles qui surgissent à chaque instant, quiconque se tient solitaire est perdu : *Vae soli !*

La cohésion des forces et des volontés, peut seule opposer une digue à des faits qui, profitables à d'autres commerces ou industries, seraient néfastes à la nôtre ; et, dans d'autres cas, comme la loi sur les accidents de travail, le groupement est non seulement une mesure de prévoyance, mais de sécurité : Soyons unis !

C'est aujourd'hui une loi formelle de l'existence, d'être unis pour être forts.

L'histoire de la pâtisserie, au point de vue social, pendant le siècle dernier, n'abonde pas en faits ; mais encore, était-il utile de les réunir en les synthétisant pour les transmettre à ceux qui continueront l'œuvre, et c'est un devoir à remplir: devoir dont nos aïeux ne comprirent pas l'importance, puisqu'ils omirent de le faire.

Différents faits de Concurrence

Pâtissiers et Boulangers
Pâtissiers et Charcutiers

Au cours de son existence, la corporation des pâtissiers eut, avec deux corporations voisines, quelques démêlés qui, pour les pâtissiers du jour, sont d'un certain intérêt ; quoique cet intérêt ne soit que rétrospectif.

La cause, qui se discutait encore il y a quelques années, du droit rien moins qu'établi des boulangers à entreprendre sur notre commerce, fut la première qui mit aux prises pâtissiers et boulangers, et la chose remonte assez loin dans l'histoire : le gâteau des rois, croit-on, en fut la cause initiale.

La fête des Rois, remontant à la venue des rois d'Orient à l'étable de Bethléem, ne se célèbre pas d'hier, et la galette épiphanique semble dater de ce temps. Or, dès le xve siècle, il était d'usage, pour les ménages ne cuisant pas leur pain, de charger leur boulanger habituel de la cuisson de la galette symbolique, confectionnée à la maison. Au commencement du xvie siècle, les boulangers commencèrent à offrir cette galette à leurs clients, et à titre gracieux, se créant ainsi une obligation de continuer, bon gré mal gré, cette générosité annuelle. En 1691, les pâtissiers prirent ombrage, et avec raison, de cet empiètement sur leur domaine, et s'en plaignirent au lieutenant-général de police, qui rendit une ordonnance interdisant cette pratique aux boulangers ; ce qui ne fut pas sans donner lieu à un procès. Cette défense fut observée pendant quelques années ; puis la coutume fut reprise, motivant une nouvelle plainte des pâtissiers, et un nouveau procès, dont la conclusion fut, en 1712, la condamnation des boulangers. Ceux-ci en appelèrent au Parlement de Paris, qui confirma le premier jugement, et rendit un arrêt faisant défense aux boulangers : « D'entreprendre sur le métier de ladite Communauté des pâtissiers ; d'employer dans leurs pains des œufs ni du beurre ; de cuire aucuns gâteaux, pâtés ni viandes dans leurs fours, même dans le temps des Rois, sous quelque prétexte que ce puisse être ; ni dorer, leur pain avec des œufs. »

Il ne fut sans doute tenu que peu de compte de cet arrêt, car en 1717 le Parlement renouvelait son arrêt en interdisant aux boulangers de faire des gâteaux des Rois, même pour les offrir gratuitement, et ordonnait la lecture publique et l'affichage de cette défense.

En 1735, Louis XV, sans doute pour justifier son surnom de « Bien-Aimé », autorisa les bou-

langers à offrir un gâteau à leurs clients le jour
de Pâques ; et, un peu plus tard, l'arrêt de 1717
fut rapporté avec le droit accordé d'employer
dans la pâte, sel, beurre, œufs et lait, pour donner
au pain plus de perfection, mais sans aucunement
entreprendre pour cela sur le travail spécial aux
pâtissiers.

Un arrêté consulaire de 1801 réitéra cette interdiction et, jusqu'en 1825, les boulangers
s'abstinrent absolument de rien faire tendant à
concurrencer la pâtisserie. Ils adoptèrent alors la
vente des petits gâteaux, qui leur fut défendue en
1831, par la Cour de cassation confirmant le
précédent arrêté consulaire.

En 1838, la coutume étant reprise, les pâtissiers protestèrent de rechef, et adressèrent à la
Chambre une pétition concluant à ce que : interdiction formelle fut faite aux boulangers de faire
et vendre de la pâtisserie. A la tribune de la
Chambre, le député de Lagrange se fit ainsi
l'avocat de notre corporation :

« Les pâtissiers de Paris se plaignent de l'enva-
hissement de leur profession par les boulangers.
Ces derniers leur font une concurrence ruineuse ;
défendus par une position spéciale en dehors du
droit commun, ils peuvent impunément, au
moyen d'une simple accession à leur industrie,
qui a une clientèle forcée, et qui est maîtresse,
au nom de la loi, de la consommation d'objets de
première nature, enlever au commerce de la pâ-

tisserie une portion considérable de son bénéfice. Les pâtissiers, au contraire, renfermés dans
les limites de leur profession, ne peuvent combattre à armes égales leurs adversaires, puisqu'il
n'y a de possible contre la concurrence que la
concurrence elle-même, et que la boulangerie
leur est interdite. Enfin, la question soulevée par
cette pétition peut se réduire à ces termes : les
avantages, attribués aux boulangers, ne doivent-
ils pas les exclure de toute autre industrie, et ne
serait-ce pas autoriser une véritable spoliation
que de les laisser, à l'abri des privilèges créés en
leur faveur, usurper sur des professions qui, par
cela même qu'elles sont moins favorisées et
qu'elles ne peuvent repousser la concurrence par
le monopole, sembleraient avoir droit à une protection plus directe et plus vigilante de l'autorité ? » (*Moniteur* du 10 juin 1838.)

Le monopole de la boulangerie exista, comme
on le sait, jusqu'en 1863.

La pétition des pâtissiers eut le sort de beaucoup
de celles qui sont adressées aux pouvoirs publics,
et son renvoi de ministre en ministre fit qu'elle
n'aboutit à rien. Une nouvelle pétition adressée à
la Chambre, en 1845, et renvoyée de même aux
ministres compétents, eut le même sort. On ne
saurait dire cependant que nos prédécesseurs ne
soutinrent pas énergiquement, et avec une admirable persévérance, leurs revendications, car jusqu'en 1858, ils les poursuivirent avec une véri-

table ténacité, en s'adressant encore à la Chambre des députés, au Conseil d'Etat, et au Conseil municipal.

La seule satisfaction, toute platonique d'ailleurs, qui leur fut donnée, fut ce simple vœu de la Commission municipale : « Qu'un arrêté du Préfet de police interdit aux boulangers d'entreprendre sur la profession des pâtissiers, sous peine de retrait de leur autorisation »... et ce fut tout, comme résultat. La réponse réelle à la pétition fut ce simple avis adressé au président du Comité par le commissaire de police du quartier : « Aucune suite ne peut être donnée à la pétition des pâtissiers, par la raison que la pâtisserie est une industrie libre, praticable à qui veut l'exercer. »

Enfin, en 1859, les pâtissiers se résolurent à une suprême tentative en s'adressant au Sénat, et le mémoire qu'ils adressèrent aux *pères conscrits* est un document à conserver dans nos archives. Ce mémoire est de mai 1859, et je le transcris textuellement :

Après avoir signalé le tort incontestable que leur causait la concurrence des boulangers, voici ce que disait la pétition : « Nous ne demandons » pas plus le monopole de la pâtisserie pour nous-» mêmes, que nous ne sollicitons (et ce serait » la solliciter que de réclamer le droit de faire du » pain) la suppression du monopole de la boulan-» gerie, suppression que, ni le gouvernement, ni

» les boulangers ne croient nécessaire, mais qui,
» en logique rigoureuse, serait le seul mode
» d'une concurrence à armes égales.

» Nous n'allons pas jusque-là ; nous ne deman-
» dons pas même que la pâtisserie soit inter-
» dite à qui que ce soit, pas plus aux boulangers
» qu'à tous autres industriels.

» Seulement, nous osons dire que, si tout le
» monde a le droit incontestable de faire de la
» pâtisserie, et ici nous sommes d'accord avec la
» deuxième division de la Préfecture de police
» (allusion à la note de police citée plus haut, en
» réponse à la pétition de 1858), ce ne peut être
» qu'à la condition de se conformer aux lois, de
» ne pas nuire à autrui, de payer patente, et
» d'exercer dans un établissement spécial. Le
» boulanger n'est dans aucune de ces conditions,
» et nous demandons, au nom de la loi et du
» bon sens, qu'il y rentre. Que tous les boulan-
» gers de Paris deviennent, ou plutôt restent
» pâtissiers, rien de plus juste, mais qu'ils le
» soient comme nous le sommes nous-mêmes,
» dans un local séparé de leur boulangerie, avec
» un four, une boutique, une patente, une mani-
» pulation distincte de leur four de boulanger,
» de leur boutique, de leur patente, et de leur
» manipulation de boulanger. Et nous n'aurons
» pas plus à nous plaindre de cette concurrence,
» que de celle que nous font d'autres industriels,
» comme le charcutier, le confiseur, le glacier ;

» concurrence loyale, à conditions égales de
» charges, et surtout de représailles.

» Nous l'avons dit, et nous devons le répéter :
» avec sa position exceptionnelle et ses bénéfices
» garantis, le boulanger ne doit, à l'abri de cette
» position, exercer que la boulangerie ; la pâtis-
» serie lui est permise comme à tout le monde,
» mais à la condition de l'exercer comme tout le
» monde. Hors de cela, il n'y a qu'abus, oppres-
» sion, injustice.

» S'il est entendu que les pâtissiers ne feront
» pas de pain, puisque cette faculté tuerait le
» monopole, il doit être entendu également que
» les boulangers ne feront plus de gâteaux en
» tant que boulangers ; et que, s'ils veulent en
» faire, il faudra, comme tout le monde, qu'ils
» s'établissent pâtissiers. »

*
* *

Le différend qui s'éleva entre charcutiers et
pâtissiers se produisit en sens inverse : Là ce
furent les premiers qui attaquèrent en concurrences.

Il arriva que, en 1759, un pâtissier nommé
Noël, sur lequel les documents ne donnent pas
d'autres renseignements, eut l'idée d'envelopper
un jambon cuit d'une abaisse de pâte, de cuire
celle-ci et d'en faire la vente au détail. L'idée
dénotait évidemment de l'initiative, mais cette

initiative déplut aux charcutiers qui virent
là une usurpation sur leur commerce et firent
saisir le pâté, ou du moins un pâté en ce genre,
car il est probable que celui du début avait eu
quelques rééditions. Un procès s'ensuivit, et il
fut constaté à l'audience que la pâte d'enveloppe
et le jambon n'étaient pas adhérents, ce qui s'explique facilement. Il fut donc jugé qu'il ne s'agissait pas du tout en l'espèce d'un pâté, mais bien
de la vente au détail d'un jambon; et Noël fut
condamné à dix livres d'amende et vingt livres
de dommages-intérêts à payer à la communauté des
charcutiers. En plus, défense expresse fut faite
aux pâtissiers de vendre des pâtés dans ce genre,
à moins que jambon et pâte fussent cuits ensemble.

Prenant fait et cause pour Noël, la communauté
des pâtissiers fit deux fois appel du jugement
(qui fut simplement confirmé), et publia un
mémoire où cette innovation était définie sous
le nom de « jambon conçu en forme de pâté». Les
pâtissiers firent preuve en cette occasion d'une
belle solidarité; mais, de quelque façon que s'envisage le cas, leur tort apparaît évident.

A cette époque, la liberté commerciale n'existait pas, et chaque commerce se limitait strictement dans ce qui était son objet. Or, le cas de
Noël était bien une incursion sur les pelouses des
charcutiers, et l'intervention de nos prédécesseurs, cherchant à justifier ce « jambon conçu en

forme de pâté », qu'ils eussent dû dénommer plutôt « pâté en forme de jambon » devait fatalement aboutir à un échec.

En effet, de toute éternité, un pâté a comporté un élément de base, appuyé d'éléments auxiliaires dont la farce est le principal ; le tout enveloppé de pâte et cuit ensemble. On peut objecter que, subsidiairement, certains pâtés ne comportent qu'un seul et unique élément ; d'accord, mais cet élément ne justifie réellement le nom de pâté que s'il est enfermé dans une chemise de pâte et cuit en même temps qu'elle : le jugement prononcé était donc bien fondé ; d'autant plus qu'il s'agissait d'un article spécial à la charcuterie, et non détaillé à l'avance, ce qui était l'argument le plus décisif.

Ce différend, qu'il m'a paru intéressant de signaler dans cet historique, est du reste le seul qui se soit jamais élevé entre les corporations des pâtissiers et des charcutiers.

Statistique des Pâtissiers de Paris

de 1767 à nos jours

Les Salaires pendant le XIXᵉ siècle

Ainsi que je l'ai dit dans la première partie de ce travail, vers la fin du XVIᵉ siècle, les établissements des Maîtres pâtissiers se trouvaient pour ainsi dire groupés dans une rue de la Cité qui portait le nom de « rue de la Licorne » mais leur nombre, que nul document ne mentionne, devait être plutôt restreint.

Ce qui apparaît au premier abord dans l'étude des statistiques du mouvement de la population de Paris, dont la première, véritablement sérieuse, fut établie par Lavoisier en 1789, c'est que le nombre des établissements de pâtisserie ne s'est pas augmenté selon le chiffre progressivement ascendant de la population, et cela tient à différentes causes que j'envisagerai plus loin.

Vinçard dit que, en 1767, le nombre des maîtres pâtissiers de Paris était de 200, et il me souvient avoir eu autrefois en mains, un document établissant que le nombre de Maîtres ajoutant à leur titre celui *d'ancien*, était généralement d'un tiers.

Mais ce titre d'ancien qui constituait un privilège et une supériorité sur les Maîtres ordinaires, n'était pas toujours le fait d'une ancienneté tangible d'établissement, bien et dûment consacrée par le temps ; il était loisible à chacun de vieillir artificiellement sa maison et de prendre le titre d'ancien, moyennant une redevance de 1.200 livres payée au roi. Coutumes étranges, dont s'offusquent quelque peu les idées modernes.

A cette époque, l'emplacement superficiel de Paris était de 1.337 hectares ; sa neuvième extension, qui porta son étendue à 3.370 hectares n'ayant eu lieu que sous Louis XVI, en 1788.

Selon Armand Husson, la population parisienne, avant 1789, n'était que de 524.000 habitants ; d'où il résulte qu'il y avait une maison de pâtisserie par 2.600 habitants.

En 1851, on comptait à Paris 402 pâtissiers, pour une population de 1.053.262 habitants, ce qui donne un pâtissier par 2.640 habitants, et indique que l'augmentation des maisons de pâtisserie avait régulièrement suivi la progression de la population.

Dans le tableau des établissements affectés au commerce des denrées alimentaires, dressé en 1856 par l'auteur déjà cité, je trouve qu'il y avait à Paris, à ce moment, 246 marchands pâtissiers et 128 pâtissiers-darioleurs ; soit, en réalité, 374 établissements pour une population de 1.100.000 habitants, en tenant compte de la progression certaine qui se produisit de 1851 à 1856, de sorte qu'il y avait un pâtissier par 3.000 habitants.

Enfin, à l'heure actuelle, pour une population de 2.660.600 habitants, selon le dernier recensement, la statistique accuse à Paris 294 maisons spéciales de pâtisserie, ce qui ferait une maison par 9.000 habitants, si des établissements mixtes ne se trouvaient à côté.

Mais il faut tenir compte que, sur les 1.880 boulangers énumérés par le Bottin, plus d'une bonne moitié ont adjoint à leur commerce de boulangerie celui de la pâtisserie, et l'extension considérable qu'ont prises les boulangeries-pâtisseries date de 1858, époque où il fut déclaré, comme je l'ai rapporté plus haut, que la pâtisserie était une profession accessible à quiconque voulait l'entreprendre.

La statistique de 1856 est la dernière qui fasse mention des pâtissiers-darioleurs, débitant généralement dans les faubourgs de la marchandise commune, et ces petits commerçants ont disparu progressivement, devant l'accroissement toujours plus grand des boulangeries s'adjoignant la pâtisserie.

Il y aurait donc en réalité, à Paris, 1.200 établissements débitant de la pâtisserie, ce qui représenterait un établissement par 2.220 habitants.

Il y a eu, depuis cinquante ans, une diminution notoire des véritables établissements de pâtisserie, parce que, à partir de 1858, s'est dressé tout à coup, fort d'un droit autorisé par la liberté du commerce, ce facteur de concurrence, inconnu précédemment, que sont les boulangeries-pâtisseries. Une nouvelle concurrence se manifeste encore depuis quelques années par l'adjonction de la pâtisserie à des commerces déjà variés dans certaines maisons de denrées alimentaires, concurrence assurément désastreuse et illogique, et que, seuls, le bon sens et le goût du public connaisseur et gourmand peut enrayer.

Certes, la liberté du commerce est chose respectable, mais l'accaparement par certains de toutes les branches du commerce alimentaire, crée un état déplorable à ceux qui, ne disposant que de moyens restreints, luttent péniblement, ou succombent devant la force irrésistible des capitaux centralisés.

Il y a là un péril redoutable pour le petit commerce. Il a déjà été signalé et il serait sage de l'enrayer par des mesures énergiques. La lutte pour la vie n'implique pas que le faible doit nécessairement capituler devant le fort ou être dévoré par lui, et c'est au faible que le gouvernement doit donner sa protection : chacun, en travaillant, doit avoir droit à l'existence.

En France, pays de justice et de liberté, l'on ne doit pas voir se manifester des tendances aux *trusts* dont un pays voisin donne le triste exemple. Combinaisons audacieuses, soit, mais que réprouvent le droit et la justice, parcequ'en favorisant les forts, elles créent la ruine et la misère des faibles.

La liberté du commerce pour tous, soit encore ; mais d'un commerce et non de tous ; et c'est surtout en cette question, devenue capitale, qu'il conviendrait de méditer l'axiome si juste : « A chacun son métier. » Et on pourrait ajouter : « A chacun son commerce, et que chacun tâche d'en vivre pour le mieux. »

*
* *

De tous les temps, la coutume a été, dans les établissements de pâtisserie, de nourrir et loger ouvriers et apprentis, et les exigences du métier en font pour ainsi dire une obligation. La seule dérogation que nous trouvons à cette règle est le fait cité dans la première partie de cette étude et qui remonte au xive siècle, où le patron devait une indemnité à ses ouvriers et apprentis mariés qui prenaient leurs repas chez eux.

Jusque vers 1860, les salaires restèrent à peu près ce qu'ils étaient à la fin du xviiie siècle, et se cotaient à peu près ainsi :

En 1865, ces salaires étaient de : chef, 100 fr. ; chef fournier, 80 à 90 fr. ; second fournier, de 30 à 40 fr. ; premier tourier, 50 à 60 fr. ; second tourier, 30 à 35 fr. ; petits ouvriers employés diversement, de 20 à 30 fr. ; chef dans une petite maison, de 50 à 60 fr.

Ce fut à partir de cette époque que commença à se délaisser l'usage, qui semble dater de la Restauration, d'attribuer aux ouvriers, pour leur nourriture, le pain et 25 centimes matin et soir pour leur pitance. Les apprentis touchaient également leur pain et recevaient 10 ou 15 centimes.

Cette coutume subsista dans quelques maisons jusqu'aux environs de 1870, mais après la guerre on n'en trouve plus trace nulle part ; ouvriers et apprentis sont nourris à la maison et presque partout à la table du patron.

Enfin, de nos jours, la base des salaires est généralement celle-ci, en tenant compte bien entendu que toutes, les maisons n'ayant pas la même importance, le salaire des ouvriers ne peut être uniforme, et que celui d'un chef, travaillant dans une maison qui occupe seulement quelques ouvriers et apprentis, ne peut être le même que celui d'un chef de grande maison où la brigade compte vingt hommes ou plus.

Moyenne : Chef : 150 à 200 ; Chef de partie : 100 à 150 ; Petit ouvrier : 50 à 80 ; jeune homme sortant d'apprentissage, de 30 à 40 fr.

Il est à remarquer que, si le salaire des chefs et ouvriers a beaucoup augmenté, celui des petits ouvriers est resté sensiblement le même. Aujourd'hui, les ouvriers ont partout un bien-être et un confortable qui n'existaient pas jadis, tant au point de vue de la nourriture et du logement que du travail, car le machinisme généralisé les a déchargés de certains travaux pénibles qui devaient autrefois être exécutés manuellement, et le groupement syndical a été pour beaucoup dans ces heureuses transformations.

DEUXIÈME PARTIE

La Question de l'Apprentissage

L'APPRENTISSAGE DANS LE PASSÉ

*Age des jeunes gens. — Durée et Conditions
Devoirs des Apprentis*

DEPUIS trente ans, la question de l'apprentissage est à l'ordre du jour et a suscité de nombreux articles et projets, dont j'aurai à citer quelques-uns, émanant des Congrès culinaires de Paris en 1887, et de Bordeaux en 1888, dans l'exposé qui suivra la règlementation de l'apprentissage moderne.

Je veux examiner d'abord ce qu'était l'apprentissage dans le passé, et comment s'obtenait la Maîtrise qui faisait de l'inférieur de la veille l'égal du lendemain.

De tous temps, on comprit l'importance
extrême du recrutement professionnel, et la nécessité, non seulement d'armer le jeune homme pour
le combat de la vie, en lui donnant une solide
instruction professionnelle, mais encore en gui-
dant ses premiers pas pour écarter de son chemin
tout mauvais conseil ou mauvais exemple ; pour
en faire enfin un ouvrier capable et un homme
sans reproches. Parmi les communautés du
début, celle des pâtissiers règlementa d'une façon
particulièrement sévère les détails et conditions de
l'apprentissage, et il y a dans l'histoire de nos
très anciens prédécesseurs des exemples à méditer,
sinon à reprendre.

Du point où je pars (1270) jusqu'à la dissolu-
lution des corporations, je n'ai pas constaté qu'il y
eût de fixée une limite d'âge rigoureuse, et il
suffisait apparemment que l'enfant fut de consti-
tution assez robuste pour supporter les fatigues
des travaux du début. Cependant, en procédant
par déduction, et en s'en référant à ce qui a été dit
précédemment, relativement à l'indemnité de
nourriture due par le Maître à l'ouvrier ou
apprenti marié, prenant leurs repas au dehors, on
peut établir que, la durée de l'apprentissage étant
en moyenne de cinq années, l'âge normal était
quinze ans. Mais il était formellement interdit
de prendre un apprenti déjà marié, et aucune
infraction à cette clause n'était tolérée.

Le nombre des apprentis était limité selon l'im-

portance des maisons ; et même, à certains
moments, il fut très sévèrement restreint, sous le
prétexte officieux qu'étant en nombre trop grand,
les Maîtres ne pouvaient s'occuper de les ins-
truire comme il convenait ; mais, en réalité, pour
diminuer le nombre des aspirants à la Maîtrise
et prévenir la concurrence. Les fils de patrons, se
destinant au métier, n'étaient pas compris dans
le nombre des apprentis, et il se discerne facilement que, les conditions rigoureuses de l'apprentissage d'abord, les obstacles créés pour
l'obtention de la Maîtrise plus tard, avaient
surtout pour but de favoriser ceux-ci, et d'em-
pêcher, préoccupation constante des Maîtres
pâtissiers, les maisons de passer à des étrangers.

L'un des grands abus fut du reste la différence
de traitement et les privilèges exorbitants assu-
rés aux fils de Maîtres au détriment des autres
apprentis. En ce qui concernait les cuisiniers, par
exemple, il est dit que « le filz de mestre qui ne
sais riens du mestier peut l'exercer, pourveu qu'il
tiengne à ses despens un ouvrier du dit mestier
qui en soit expers. »

Au début, le contrat d'apprentissage était passé
devant deux Maîtres, et toutes les clauses en
étaient expliquées. Ce contrat était verbal, ce qui
se comprend, l'instruction n'étant alors que très
rudimentaire ; et beaucoup de corporations, dont
la nôtre, n'avaient, avant 1270, que des tradi-
tions pour guide, et que pour loi des coutumes.

Ce fut précisément pour la difficulté de régler les cas litigieux qui se présentaient, et pour lesquels il n'existait aucune juridiction ferme, que le prévôt de police fit donner des statuts aux corporations qui n'en avaient pas encore, lesquels, réunis, composèrent le *Livre des Métiers*. A partir du xviie siècle, les contrats d'apprentissage durent être passés devant notaire, puis enregistrés au bureau de la communauté et en la chambre du procureur du roi au Châtelet. La teneur de ce contrat était à peu près la même qu'aujourd'hui, et il y était mentionné expressément, ainsi qu'il appert d'une pièce que j'ai sous les yeux, que l'apprenti devait être bien traité, à preuve ce passage : « Il promet (le Maître) de monstrer et enseigner, à son pouvoir, sondit mestier et tout ce dont il se mesle et entremet en iceluy, le nourrir, loger, et traiter doucement comme il appartient... » Les statuts prévoient aussi que le Maître doit traiter l'apprenti comme son enfant ; mais, étrange contradiction, il était autorisé à lui infliger des corrections, seulement il lui était interdit de laisser sa femme battre un apprenti. Nous sommes, il est vrai, aux xive, xve et xvie siècles.

C'est une erreur absolue de croire à la gratuité de l'apprentissage dans les siècles précédents. Aussi haut que l'on remonte, on trouve que l'apprentissage se payait, ou était beaucoup plus long si l'enfant n'avait pas le moyen de payer. Les statuts indiquaient bien un minimum de prix ; mais, les conditions se traitant de gré à gré, il n'y avait pas de règles bien fixes, et le temps prévu de cinq années s'appliquait seulement aux apprentis non payants ; tandis que les autres ne faisaient que trois ou quatre ans. Approximativement, et en moyenne, le prix était de 4 livres ou 125 francs, et devait être payé intégralement à l'avance. En plus, l'apprenti « ne devait être mis en besoingne » qu'après avoir versé 5 sols au roi et 5 sols à la confrérie, et le Maître en devait donner autant. Au xvi⁰ siècle, il fut possible d'abréger beaucoup plus le temps de l'apprentissage en payant en conséquence, et il faut croire que l'usage engendra des abus, car il parut, en 1581, un édit royal qui disait :

« Avons ordonné et ordonnons que doréna-
« vant tous jeunes hommes qui voudront appren-
« dre mestier, et acquérir le degré de Maîtrise
« en iceluy, seront tenus de faire apprentissage
« durant le temps prévu par les statuts de leurs
« mestiers sans que les maistres les en puissent
« dispenser ou diminuer le dit temps en faveur
« des prix extraordinaires et excessifs qu'ils leur
« pourraient faire payer pour le dit apprentis-
« sage. »

Jusqu'à la fin du xviii⁰ siècle, le temps de l'apprentissage fut celui indiqué plus haut, c'est-à-dire cinq, quatre ou trois ans.

J'ai dit aussi que les fils de maîtres n'étaient astreints à aucune de ces conditions, faveur que justifie spécieusement un commentateur de l'époque en expliquant que : « Etant nés dans l'état qu'ils veulent embrasser, ils sont censés en avoir été instruits dans la maison paternelle », disposition si peu juste que, dès le commencement du XVII° siècle, certaines corporations de l'alimentation, les charcutiers et les pâtissiers principalemement, leur imposèrent tout comme aux autres de se soumettre aux conditions et obligations de l'apprentissage.

Il est à remarquer que les très anciens contrats d'apprentissage prévoyaient les cas d'annulation motivés par la *vente* (mot remplacé plus tard par cession) ou le *rachat* de l'apprenti.

La vente ou cession ne pouvait être autorisée que dans quatre cas qui étaient : maladie du Maître, le mettant dans l'impossibilité de s'occuper de son apprenti ; absence pour un pélerinage ; abandon du métier ; mauvaises affaires. Si le Maître y consentait, l'apprenti pouvait se racheter, c'est-à-dire se faire libérer par anticipation ; mais le Maître ne pouvait prendre un autre apprenti pendant le temps qui restait à accomplir à celui qui le quittait.

La corporation se considérant comme responsable de l'apprenti, les jurés s'occupaient de le placer dans l'un des cas ci-dessus, et ils intervenaient également s'il était renvoyé sans cause par son Maître. Ils lui en choisissaient un autre et veillaient sur lui jusqu'à l'accomplissement du temps qui lui restait à faire.

Pour pouvoir prendre un apprenti, il fallait être Maître depuis un an et un jour ; mais les jurés prenaient néanmoins tous les renseignements nécessaires pour assurer la régularité de l'apprentissage.

Il était prévu aussi que, au cas où l'apprenti viendrait à disparaître de chez son Maître, celui-ci devait l'attendre pendant six mois. Si, après expiration de ce délai, il n'était pas reparu, avis en était donné aux jurés, et aucun membre de la communauté ne devait admettre le fugitif.

En fait, les principes de l'apprentissage restèrent les mêmes jusqu'au xviiᵉ siècle, et, jusque-là, l'apprenti n'eut à se trouver en contact qu'avec son Maître ; mais lors de l'institution du compagnonnage, résultante directe du développement qu'avait pris le commerce, le nombre des ouvriers fut augmenté et l'apprenti se trouva dès lors sous la dépendance directe de ceux-ci. En plus, le stage de trois ans, qui fut imposé avant de pouvoir prétendre à la Maîtrise, fut aussi l'une des causes qui contribuèrent à éloigner l'apprenti du Maître.

Dans un livre de l'époque, je relève ce passage traçant ses devoirs à l'apprenti pâtissier, et qui mérite d'être signalé : « Les apprentis doivent, » lorsqu'ils sont engagez, bien nettoyer et ba- » layer la boutique et le devant de la porte, ser-

» vir promptement les compagnons et se faire
» aimer d'eux (il est à remarquer que, le mot
» ouvrier est très peu usité), car souvent c'est
» d'eux plus que du Maistre qu'ils apprennent le
» mestier ; et ayant leur amitié, ils ne leur cachent
» rien et les rendent capables en peu de tems. Il
» faut aussi que les apprentifs se lèvent tous les
» jours les premiers et se couchent les derniers,
» car ce sont eux qui ouvrent et ferment la bou-
» tique. Si les apprentifs donnent de l'argent
» pour leur apprentissage, ils ne doivent point
» souffrir qu'on leur fasse rien faire qui ne soit
» point de leur mestier, qui est comme de ne point
» laver la vaisselle, promener ny amuser d'en-
» fants, attendu que cela n'est point, ny dans
» leur engagement, ny dans les statuts du mestier
» ou de l'art dont ils veulent faire profession. Et
» s'ils ne donnent point d'argent, ils s'engagent
» pour plus longtemps... »

Ceci démontre d'une façon péremptoire que le
principe de la gratuité absolue et générale de
l'apprentissage n'exista pas dans les siècles anté-
rieurs au nôtre.

Malgré la clause bien formelle interdisant
d'employer les jeunes gens à des occupations
autres que celles du métier, il était d'usage loin-
tain que les apprentis fussent envoyés vendre
des gâteaux par les rues de la ville, ce à quoi la
Communauté des pâtissiers crut devoir, en 1566,
remédier, en signifiant aux Maîtres « qu'ils

avaient charge d'âmes, et devaient non seulement enseigner la profession à l'enfant, mais aussi veiller sur sa conduite et ses mœurs. Elle défendait donc d'envoyer les apprentis débiter des gâteaux en ville, attendu les inconvénients, fortunes et maladies qui en peuvent advenir, et aussi que c'est la perdition des dits apprentis, qui ne peuvent apprendre leur mestier, et au lieu de ce, apprennent toute pauvreté et, ne peuvent à la fin de leur temps être ouvriers de leur dit état, qui est une grande charge de conscience aux dits Maîtres ».

Ces conseils très sages ne furent pas écoutés, car en mars 1678 intervint une sentence de police, spéciale aux Pâtissiers, et qui constatait : « ... Que les apprentis consomment le temps de leur apprentissage sans rien apprendre de leur métier, et, ce qui est d'une plus dangereuse conséquence pour eux, s'adonnent au jeu, à la fainéantise, à la débauche, et finalement à toutes sortes de désordres, par la fréquentation continuelle qu'ils ont avec les fainéans, coupeurs de bourses et gens de leur cabale, dont les lieux publics sont ordinairement remplis ; auxquels inconvénients les pauvres apprentis, la plupart sans aucuns parents qui puissent veiller à leur conduite, sont sujets par le fait de leurs Maîtres qui contreviennent impunément aux défenses portées par plusieurs arrêts et règlements. »

Il était rappelé en même temps, sous une forme

générale, que l'apprenti « doit porter honneur et respect à son Maître, et qu'il sera déchu de tout droit à la Maîtrise, s'il commet une action lâche, honteuse et indigne du respect qu'il doit à son Maître, à sa famille et aux personnes alliées ».

Cette intervention de la police prouve surabondamment que la grande sollicitude dont l'apprenti était entouré jadis n'existait plus, puisqu'il fallait qu'elle lui donne sa protection.

Déjà, en 1497, le prévôt de police avait dû faire droit à une requête que lui avaient adressée les jurés de la Communauté, pour lui signaler que certains Maîtres, peu scrupuleux, s'étaient attachés pour leur vente dans la rue, des « marraulx, larrons, pipeurs et coupeurs de bourses » et qu'il en résultait des faits scandaleux ; choses dont pâtissaient, sans en être responsables, les Maîtres consciencieux.

Il fut donc ordonné que personne désormais, hormis les apprentis en exercice, ne pourrait porter ni vendre de pâtisserie en ville, sous peine de confiscation et de 40 sols d'amende. Mais cette mesure demandée dans un but de morale et d'honnêteté commerciale, par les jurés de la pâtisserie, tourna surtout contre la Communauté en opération fiscale. A la défense ci-dessus, le prévôt ajouta : « Que nul apprenti ne serait dorénavant » mis en besogne, avant que les Jurés eussent » examiné les pièces exigées par les statuts. —

» Que chaque apprenti aurait à payer, en plus
» du droit établi, 2 sols au roi et 2 sols à la
» Confrérie. — Que les Maîtres ne pourraient
» prendre aucun compagnon, sans que celui-ci
» ait justifié qu'il avait fait au moins trois ans
» d'apprentissage à Paris, et avant qu'il ait versé
» 2 sols parisis à la Communauté. — Que chaque
» Maitre n'accuperait qu'un ouvrier, et que les
» Jurés auraient droit au tiers des amendes pro-
» noncées par eux contre les délinquants. »

C'était payer un peu cher une demande très
juste, et les Maîtres qui n'avaient rien à se repro-
cher durent trouver salée cette addition dont il
n'était nullement question dans la requête adressée au prévôt.

La Maîtrise

Stage de Compagnonnage
Exécution du Chef-d'œuvre
Édit royal concernant le Chef-d'œuvre

Arrivait enfin le moment où, son temps accompli, l'apprenti devenu homme s'ouvrait les portes de l'avenir en prouvant, par son habileté professionnelle, qu'il était digne de prendre place au rang des Maîtres, et de tenter la fortune pour son propre compte, ou tout au moins de conquérir son indépendance.

Jusqu'en 1566, l'apprenti pouvait immédiatement demander à passer les examens de Maîtrise, ce qui choque un peu nos idées modernes. En effet, quelle qu'ait été la minutiosité de l'enseignement, la sollicitude constante qui ait entouré l'apprenti, et la perfection de son instruction technique, il y manquait ce qui en est le complément indispensable: l'expérience, fortifiant du savoir, dont la nécessité devait s'imposer tout aussi bien en ces temps que de nos jours. Or, il nous semble à nous que, malgré l'exécution du chef-d'œuvre et son admission, l'apprenti devenu Maître avait encore à apprendre;

et ici, il faut prendre *Chef-d'œuvre* plutôt dans un sens figuré.

La mesure prise par les pâtissiers d'imposer aux apprentis un stage de trois années, comme « compagnon attendant Maîtrise » (1), était très juste ; l'importance donnée au chef d'œuvre à partir de ce moment l'était également, puisqu'elles *semblaient* avoir pour but excellent de perfectionner les jeunes gens, te d'assurer à la Communauté des Maîtres en possession de capacités professionnelles indiscutables.

Emettant mon opinion comme praticien, je dis *semblaient*, parcequ'elle est en contradiction avec celle de quelques historiens, qui virent surtout dans le stage imposé, et les difficultés dont on entoura le chef-d'œuvre, la volonté bien arrêtée de créer des obstacles aux postulants, au bénéfice des fils de Maîtres.

Narrateur impartial, j'expose des faits et je les commente avec ma conscience.

Au strict point de vue des aptitudes professionnelles, ces exigences et ces garanties dont s'entourait la Communauté étaient justes. Au point de vue du droit, elles étaient injustes, parce qu'il y avait une inégalité choquante entre les obligations rigoureuses imposées aux simples aspirants à la Maîtrise, et les facilités données aux fils de

---

(1) Le terme ne fut jamais que peu employé dans la pâtisserie, et le jeune homme tenant ainsi le milieu entre l'ouvrier et l'apprenti s'appelait *alloué*.

Maîtres, pour qui la durée du stage de compagnonnage était réduit de moitié, et qui n'étaient frappés, à ce moment du moins, d'aucun des droits coûteux exigés des autres. Plus tard, il est vrai, la royauté se chargea de leur faire sentir qu'ils étaient à un degré social au-dessus de ceux-là, en les imposant plus durement.

Enfin, il était généralement admis par les pâtissiers que, seuls, les apprentis formés à Paris pouvaient être admis aux examens de Maîtrise. Pourquoi cette exclusion des apprentis de province ?

Son brevet d'apprentissage obtenu, le jeune homme prenait donc le titre de « Compagnon attendant Maîtrise ou alloué », ce qui le différenciait de ceux qui étaient pour rester Compagnons, ou qui avaient achevé leur stage. Il pouvait, à sa volonté, s'engager ailleurs, son brevet le libérant de ses engagements avec son premier Maître.

Lorsque son temps légal de Compagnonnage était achevé, il pouvait demander à subir les examens de Maîtrise. Pour ce, il devait adresser sa demande aux Jurés, qui le convoquaient et se faisaient assister de trois Maîtres pour sa réception. Après lecture de son brevet d'apprentissage, certificat de compagnonnage et de bonne vie et mœurs (qui pouvait être remplacé par une attestation verbale du dernier Maître), la haute assemblée prononçait l'admission à l'épreuve, si les garanties données lui semblaient suffisantes, et

fixait le jour de l'exécution du chef-d'œuvre. Avant
cette épreuve, le candidat devait obligatoirement
rendre une visite aux Jurés et aux principaux
Maîtres-pâtissiers.

Jusqu'au xvi° siècle, il s'agissait bien plutôt
d'un examen que de l'exécution d'un chef-
d'œuvre, comme fut appelé plus tard le travail
des candidats à la Maîtrise; et il convient, je le
répète, de ne prendre le mot que dans son sens
figuré, car il s'agissait bien plus, en réalité, de
constater l'habileté professionnelle du néophyte,
que d'exiger de lui un travail justifiant le mot
« chef-d'œuvre » dans toute l'acception du mot.

Du xiiie au xvie siècle, l'examen porta invariablement sur l'exécution d'un millier de nieules
en une journée. A partir du xvi° siècle, le chef-
d'œuvre consista à faire six plats complets en
un jour, à la discrétion des Jurés ; et, autant qu'il
est possible d'en préjuger, ces six plats étaient
généralement des pâtés.

Au jour dit, le travail était exécuté aux frais du
postulant chez l'un des Jurés et sous sa surveillance, sans que l'exécutant puisse être ni
conseillé ni aidé, afin de donner la mesure réelle
de ses capacités professionnelles.

Le chef-d'œuvre étant achevé était soumis à
l'examen des Maîtres convoqués à cet effet, puis
les jurés se prononçaient en dernier lieu. Si ce
chef-d'œuvre ne révélait pas le tour de main d'un
ouvrier déjà sûr de soi, il était refusé, brisé ; et

un nouveau stage de compagnonnage déterminé par les Jurés était imposé au candidat. Mais il arriva souvent que la justice fut passablement méconnue, et que les décisions des Jurés, inspirées par l'opinion des Maîtres désireux d'écarter les concurrents, furent suspectées.

Il est évident que des partialités en faveur des fils de Maîtres, et des injustices à l'égard des simples candidats se manifestèrent, car il parut un édit royal prononçant que : « Au cas où l'avis des Jurés serait défavorable, le chef-d'œuvre serait soumis à nouveau à l'examen de plusieurs Maîtres, assistés de notables bourgeois du lieu ; et si leur sentence était conforme à la première, une nouvelle commission devait être nommée, et les deux premiers jugements infirmés à l'instant si elle donnait un avis différent. »

Il fallait donc le refus unanime de trois Jurys pour que puisse être imposé à l'auteur du chef-d'œuvre un nouveau stage de compagnonnage, qui n'avait plus dès lors qu'à s'incliner.

L'édit cité plus haut imposait la gratuité absolue pour les examens de Maîtrise, et ordonnait que le candidat ne soit tenu de payer aucun droits ni devoirs, banquets, etc. ; ce, pour réagir contre des abus sans nombre. Il était même formellement interdit aux Jurés de recevoir aucun dons ni présents, pendant et après le chef-d'œuvre, ni le postulant leur en offrir, sous peine de suspension d'un an à la Maîtrise. Prescriptions très justes, qui restèrent d'ailleurs sans effet, car le pourboire fut, est, et sera de tous les temps. Si, enfin, le chef-d'œuvre était admis, le postulant faisait le serment d'observer fidèlement les statuts et usages de la Communauté, et était solennellement reçu ensuite par les Maîtres réunis.

Aucun ouvrier ne pouvait être reçu à la Maîtrise avant vingt ans, mais les fils de Maîtres pouvaient l'être à partir de seize ans. Enfin, le Maître reçu à Paris pouvait s'établir où bon lui semblait.

Vers le milieu du XVIIIe siècle, le chef-d'œuvre fut remplacé par l'*Expérience*, qui n'était qu'une simplification considérable du premier ; puis vinrent la création en grand des Maîtres sans qualité, la possibilité de racheter à prix d'argent non seulement l'obligation du Compagnonnage et l'épreuve de l'Expérience, mais encore l'apprentissage. Nées du bon plaisir royal, et dans le but de grossir les revenus du Trésor, ces innovations soulevèrent les protestations de la Communauté des pâtissiers. Protestations stériles, réclamations inutiles : la Maîtrise avec les garanties qu'elle donnait avait vécu...

L'apprentissage
dans les temps modernes

*L'Age des jeunes gens
Conditions de l'Apprentissage. — Limitation
du nombre des Apprentis
L'Instruction professionnelle
Examens de sortie*

L'importance de l'apprentissage, qui est la véritable base du recrutement professionnel, a été de tous les temps; mais elle est devenue plus grande encore de nos jours, et, sans craindre d'être démenti, je puis affirmer que ce recrutement de vient de plus en plus difficile.

Ce qui se passe chez nous se produit d'ailleurs à côté, et on a si bien compris que des modifications s'imposaient, que la question a fait l'objet de sérieuses discussions au Conseil supérieur du travail. On y a examiné de très près ce que devait être l'apprentissage moderne; discuté sa forme, ses conditions, sa durée, selon les métiers ou professions.

Dans les siècles passés, les règles générales de l'apprentissage et sa surveillance ne franchissaient pas les limites de la Communauté. Ses conditions étaient laissées à débattre entre les parties, et il est frappant de constater combien les choses sont restées les mêmes. Cela pouvait suffire, comme moyen de protection, et il faut reconnaître que ces communautés s'intéressaient réellement aux apprentis ; mais, quand elles furent dissoutes, rien n'exista plus pour régler et réglementer l'apprentissage, qui ne fut plus qu'une affaire de convention entre parties. C'est seulement en 1851 que fut promulguée la loi dont la discussion avait commencé à l'Assemblée nationale constituante, le 9 août 1848, sur le projet de M. Peupin.

Très bonne dans ses dispositions essentielles, qui avaient surtout pour but la protection de l'enfance, cette loi n'en laissait pas moins subsister des lacunes ; elle édictait d'excellents principes, mais ne fixait, en fait, aucune mesure pratique, et son plus grave oubli était celui du contrôle de l'instruction professionnelle.

Je n'envisage ici la question si complexe de l'apprentissage qu'à un point de vue personnel, mais en tenant compte cependant de ce qui a été dit ou écrit à ce sujet, notamment dans les Congrès culinaires ouvriers tenus à Paris et à Bordeaux en 1887 et 1888. Il y aurait certainement matière à un volume complet s'il fallait traiter la question à fond dans tous ses détails, avec développements et considérants ; mais je m'en tiendrai à un exposé très bref sur chacun de ces détails.

* *

Il semble bien établi que, dans les siècles passés, les jeunes gens ne commençaient l'apprentissage qu'entre 15 et 16 ans, âge d'autant plus favorable que, outre des forces physiques plus développées, le jeune homme a déjà une certaine compréhension des choses de la vie qui le fait apporter une discernation plus grande dans ses actes ; que son esprit, plus pondéré, lui permet de mieux s'assimiler et comprendre ce qui lui est démontré : avantages qui méritent d'être pris en sérieuse considération.

Aujourd'hui, la chose ne serait pour ainsi dire plus possible, car le jeune homme se trouverait pris par la conscription presqu'aussitôt sa sortie d'apprentissage, et il perdrait infailliblement, sous les drapeaux, l'instruction professionnelle si laborieusement acquise. En tenant compte de cet arrêt dans la vie de tout citoyen valide, tenu de payer sa dette au pays, la nécessité s'est donc imposée de faire commencer l'apprentissage plus tôt, pour que les jeunes gens puissent avoir fortifié leur savoir, en travaillant pendant quelques années comme petits ouvriers, avant d'être pris par le service militaire.

Il n'est guère possible, pourtant, de prendre des apprentis au-dessous de 13 ans (âge fixé par la loi de 1892), et c'est seulement à partir de cet âge, et à condition qu'il ait des dispositions certaines, qu'un jeune homme peut être éduqué professionnellement. Mais en tenant compte, comme je l'ai dit plus haut, qu'il est nécessaire qu'un jeune homme ait pris librement contact avec la vie avant d'être appelé sous les drapeaux ; il faut, pour régler l'apprentissage, prendre en considération l'âge auquel il est commencé.

Si nous admettons que le temps normal et nécessaire de l'apprentissage doit être de trois ans, il s'ensuivra que le jeune homme aura 16, 17 ou 18 ans, selon qu'il aura commencé à 13, 14 ou 15 ans. Il y aurait là un certain illogisme, et les patrons pâtissiers l'ont si bien compris que, par l'organe de M. Mongrolle, leur délégué au Conseil du travail, les distinctions suivantes ont été établies dans le temps à fixer.

Si le jeune homme commence à 13 ans, ce temps doit être maintenu à 3 ans.

S'il commence à 14, ce temps peut n'être que de deux ans ou deux ans et demi.

Si le débutant a quinze ans révolus, le temps pourrait être fixé à deux ans.

Ce qui ramènerait le terme de l'apprentissage, sensiblement au même âge pour tous.

Maintenant, l'apprentissage doit-il être généralement gratuit, comme, sous forme de vœux, l'ont décidé les Congrès culinaires ouvriers ? Et pourrions nous admettre la clause qui nous obligerait à payer les jeunes gens pendant les six derniers mois de leur apprentissage, ne fût-ce que médiocrement et à titre d'encouragement ?

Gratuit, oui, si sa durée est normale ; payés, les derniers six mois, non !

Ce serait une fin d'apprentissage déguisée et, à ce moment, l'apprenti se croyant déjà un maître, loin de s'appliquer à se perfectionner, se laisserait aller, et il se produirait infailliblement ce que nous avons constaté le plus souvent, que ce serait à son désavantage professionnel et pécunier par la suite.

De même que le soldat a besoin de faire campagne pour s'aguerrir, de même, pour faire un ouvrier trempé, pouvant résister aux déboires et aux luttes pour la vie, il faut faire des hommes ; et si, parmi ces jeunes gens confiés à nos soins, on trouve un jeune homme intelligent et exceptionnellement doué, au dessus de la moyenne par son savoir professionnel, mieux vaut le libérer entièrement de son contrat.

Cette manière de voir n'est pas partagée par tous les professionnels, puisque des Congrès ouvriers ont adopté le contraire ; mais c'est ici ma conviction personnelle basée sur mon désintéressement patronal et sur la conviction que j'ai, que le but proposé obtiendrait des effets contraires à ceux invoqués par les promoteurs, dont je respecte pourtant les convictions.

Il est admissible que, pour les jeunes gens de 14 à 15 ans, justifiant d'une intelligence bien développée et de forces physiques permettant d'espérer d'eux quelques services au bout de 7 à 8 mois d'exercice, le principe de la gratuité de l'apprentissage soit adopté : de même que le temps fixé selon l'âge pourrait être diminué, si le contrat stipulait le paiement d'une certaine somme, ce qui reviendrait absolument au même, et aurait pour principal avantage de rendre le jeune homme libre plus tôt.

Mais ce sont là affaires d'arrangements amiables entre les parties contractantes ; et, à vrai dire, le temps de l'apprentissage ne signifie rien, du moment que le patron s'engage à donner au jeune homme une instruction professionnelle suffisante pour que celui-ci passe avec succès ses examens de sortie.

J'appuie avec force et non sans raison, sur la nécessité absolue du contrat synallagmatique garantissant les engagements pris réciproquement, et signé aussitôt qu'est expirée la période dite d'essai, prévue par l'article 14 de la loi de 1851, et maintenue par le Conseil supérieur du travail. En plus, la généralisation du contrat écrit est le plus sûr moyen d'assurer l'unité de jurisprudence qui ne peut s'établir, s'il existe des formes de contrats écrits et verbaux.

L'une des grandes causes du chômage, nous dit-on depuis longtemps, réside dans le grand nombre d'apprentis formés dans les pâtisseries, et on nous attribue sans hésiter la pléthore d'ouvriers, l'abondance de bras d'où résultent ces crises qui font naître le découragement, qui démoralisent l'homme et provoquent le mécontentement dans les groupements ouvriers. Cette question mérite d'être envisagée sérieusement.

Je reconnais très sincèrement qu'il fut un temps où certaines maisons exagérèrent positivement le nombre d'apprentis susceptibles d'être éduqués dans leurs laboratoires. Précisément, l'abus fit voir le mal, et l'on comprit que, au lieu d'un grand nombre d'apprentis incomplets et fatalement destinés à rester des ouvriers médiocres, il valait mieux en faire moins, et leur donner une instruction professionnelle qui permette de voir en eux des ouvriers d'avenir, des chefs en perspective, et nos successeurs éventuels.

Il me semble utile de reproduire les idées de M. Philéas Gilbert, qui a traité à maintes reprises la question de l'apprentissage, et voici ce qu'il écrivait il n'y a pas bien longtemps dans l'*Art Culinaire*, sous la signature de A. Meusy, l'un de ses pseudonymes.

« Ici et ailleurs, on a depuis vingt ans traité sous bien des formes et envisagé sous bien des aspects la question de l'apprentissage qui, quel que soit le métier ou la profession, présente un caractère d'extrême gravité. En effet, le choix d'une profession et son apprentissage constituent l'un des actes les plus sérieux de la vie, et trop souvent les parents n'y attachent pas une attention suffisante ; ne se rendent pas compte si l'intéressé a des dispositions réelles pour le métier qu'il a choisi ou accepté. En l'occurence, les parents commettent une lourde faute, car d'un apprentissage manqué ou défectueux résulte souvent un avenir médiocre.

Le jeune homme, qui choisit telle profession de préférence à telle autre, ne peut le faire avec le discernement voulu ; il n'en voit le plus souvent que les beaux côtés et n'en soupçonne que trop tard les exigences impérieuses et les déboires. Or, plus grandes auront été ses illusions, plus grand sera son découragement, à moins d'être doué d'une volonté énergique qui s'oppose à toute défaillance ; ou bien, chose rare, que sa vocation soit bien réelle.

Dans les siècles précédents, l'apprentissage était soumis à des règles rigoureuses et souvent arbitraires, qui, pourtant, d'un côté comme de l'autre, étaient ponctuellement observées. En plus, les examens de sortie, qui tendent à se réinstituer aujourd'hui, étaient la garantie formelle que l'instruction professionnelle donnée à l'apprenti suffisait pour lui faire conférer le titre d'ouvrier.

En fait, par le mode d'apprentissage actuel, un patron n'encourt aucune responsabilité relativement au degré de savoir de l'apprenti dont, avec le certificat de rigueur, il signe l'*exeat*, puisqu'il n'existe aucun moyen de contrôle ; et c'est ainsi que tant de jeunes ouvriers livrés à eux-mêmes, sont rebutés dans les maisons où ils débutent, et viennent grossir l'armée toujours plus nombreuse des chômeurs.

Pourtant le patron, qui prend un apprenti, contracte une obligation d'honneur, pour ainsi dire ; et il devrait lui être demandé un compte sévère s'il n'a pas rempli ses engagements ; si, de l'enfant qui lui fut confié, il n'a pas fait un ouvrier. Il est bien évident que, quelle que soit l'habileté d'un maître, il ne fera pas d'un apprenti un ouvrier fini ; mais il doit tout au moins lui inculquer les notions primordiales et les principes élémentaires, semence féconde que feront germer le temps et l'expérience.

Dans plusieurs Congrès culinaires, cette question de l'apprentissage et de sa réglementation fut posée et discutée avec ampleur et sagesse et, invariablement, ces vœux furent émis : Limitation de l'apprentissage à deux années ; gratuité absolue et pour tous; rétribution de l'apprenti pendant les six derniers mois, sur le minimum de salaire d'un ouvrier débutant ; limitation du nombre des apprentis selon l'importance des maisons.

Formuler un vœu et établir une décision est bien, mais comment les imposer ?

Chose terriblement difficile ; mais on peut tout au moins les discuter. La limitation à deux années ne pourrait, à mon point de vue, être applicable que si l'apprenti se destinait spécialement à l'une des deux branches de la profession : Pâtisserie ou Cuisine. C'est du reste le laps de temps fixé pour la cuisine dans le titre 51 du « Livre des Métiers ». Mais il est admis et reconnu que Cuisine et Pâtisserie sont inséparables ; qu'elles constituent et résument notre profession, et qu'un praticien ne sera jamais complet s'il ne possède les deux à fond. La durée de l'apprentissage devrait donc, dans ce cas, être portée à trois ans.

La gratuité absolue pourrait donner lieu à de longs commentaires, de même que la rétribution obligatoire dans les six derniers mois ; mais ce qui est absolument juste, c'est la limitation du nombre des apprentis. Limitation qui se ferait d'elle-même, si la gratuité de l'apprentissage était imposée par une loi.

Les Congrès culinaires avaient aussi émis le vœu que tout apprenti soit soumis à un examen de sortie présidé par un jury spécial, et prévoyaient le recours en dommages et intérêts par les parents, contre le patron dont l'apprenti aurait échoué aux examens précités. Cette prétention, pourtant très logique, fut combattue par les uns, un tantinet ridiculisée par les autres, et passa inaperçue pour le plus grand nombre. Il faut croire pourtant qu'elle avait du bon, puisque l'idée émise en France, et qui n'était en somme qu'une réédition simplifiée de ce qui se faisait autrefois pour obtenir le droit de maîtrise, a été reprise en Suisse et qu'elle y va être appliquée, si elle ne l'est déjà, sous le contrôle de la Société des Hôteliers de Bâle et de l'Union Helvétia, de Lucerne.

Mieux que nous, nos voisins comprennent combien il est urgent de réglementer l'apprentissage, et surtout combien il est important d'en arriver à ces examens de sortie dont on a ri en France. Il est vrai que le Syndicat général des pâtissiers français a établi et mis en vigueur un nouveau contrat d'apprentissage, mais tout en stipulant les droits et devoirs de chacun, cet engagement synallagmatique ne prévoit nullement quelle sera la garantie qu'auront les parents que leur enfant a bien reçu, et est bien en possession de connaissances professionnelles suffisantes pour être livré à lui-même, et voler de ses propres ailes.

Dans le projet des hôteliers suisses, les apprentis cuisiniers sont seuls indiqués ; mais il doit rester sous-entendu que ceux qui sortent exclusivement de la pâtisserie sont justifiables de la même règle.

Il est prévu, dans le contrat d'apprentissage, que l'apprenti devra subir l'examen de sortie six semaines avant l'expiration de ses deux

années, et cet examen se divise en deux parties :
l'une qui est théorique et l'autre pratique.

Dans la partie théorique, l'apprenti aura à
répondre aux questions suivantes : 1° Sur les
ustensiles de cuisine, leur origine, la manière
de s'en servir et leur emploi ; 2° sur les diverses
sortes de viandes, volailles, gibiers, poissons ;
la manière d'en tirer parti et dans quelle saison ;
l'endroit où il faut les entreposer avant de s'en
servir ; préparations à subir avant l'emploi, etc.
Comment choisir les diverses pièces et sortes de
viande pour rôtir, braiser ou faire du bouillon ;
3° sur la préparation des sauces et fonds ; 4° sur
celles des farineux, pâtisserie, entremets ; 5° sur
la préparation des glaces et sorbets ; 6° sur la
connaissance générale des marchandises, composition des menus, compte du matériel employé ;
7° bonne orthographe.

L'examen pratique comprend : 1° Triage des
diverses pièces de viandes, poulets, gibiers, etc. ;
2° désossage des diverses sortes de viandes ;
3° découpage des poissons tels que saumon et
turbot ; lever les filets de soles, ferras, brochets,
etc. ; 4° préparation d'un diner ou de plats sépa-
rés, devant les experts ; 5° préparation de diverses
sauces ; 6° dresser et garnir ; 7° adresse et savoir-
faire en général.

Tel est le programme assez chargé, et même
un peu trop chargé, il faut en convenir, que je
relève sur un numéro de notre confrère l'*Union*

7

Helvétia. Et il est certain que les apprentis qui se tireront avec honneur de ces examens théoriques et pratiques pourront hautement prétendre au brevet d'ouvrier que leur délivrera le jury. Ainsi donc, ce qui semblait chose impossible en France est très faisable en Suisse, et il est fort probable que d'autres pays suivront l'exemple, tandis que nous resterons immobiles. A moins qu'un homme d'action et de foi comme le dévoué et vigilant président du Syndicat général de la pâtisserie française n'en prenne l'initiative, ce qui l'honorerait hautement. Dans tous les cas, je reviendrai sur la composition de ces examens de sortie pour exposer comment, avec l'un de mes amis, nous les avions établis autrefois. Mais à cette époque, on nous appliquait à l'un et à l'autre l'épithète de « révolutionnaires » ; et voilà que l'idée de ces révolutionnaires est, de l'autre côté de la frontière, mise en application par des bourgeois. »

Selon sa coutume, Gilbert traite le sujet d'une seule envolée de plume ; mais je discuterai l'un après l'autre les divers points qu'il ne fait qu'effleurer, et je reviens à la limitation du nombre des apprentis.

Dans les discussions qui eurent lieu à ce sujet au Conseil supérieur du travail, l'un des membres ouvriers exposa que certaines maisons comptaient jusqu'à 8 apprentis pour un seul ouvrier et que, dès lors, ces apprentis étaient occupés pour les courses, nettoyages, etc. ; toutes besognes d'un rapport indirect avec le métier. Ceci est un point sur lequel je reviendrai plus loin pour démontrer, au contraire, que ces besognes ont un rapport direct avec le métier et lui sont même inhérentes. Je ne mets pas en doute la bonne foi de ce membre qui a dû étayer son dire sur des preuves, et, comme lui, je trouve trop excessif ce nombre d'apprentis par ouvrier.

Ce même membre exposait encore que certains patrons tiraient même profit des pourboires recueillis par les apprentis, et émettait l'avis que les apprentis devaient être logés et nourris chez leurs parents.

La première allégation ne mérite pas même l'honneur d'une réponse ; quant à l'avis suivant, ce sont les faits qui se chargent d'en dire l'impossibilité. En effet, les neuf-dixièmes ne nos apprentis nous viennent de province, et les autres sortent de familles besogneuses dont les moyens ne leur permettent pas de se loger dans le centre de Paris. Et lors même, la chose serait matériellement impossible : quiconque connaît les exigences du travail de la pâtisserie le comprend, et chacun peut se l'expliquer.

A cette avance, M. Mongrolle répondit d'ailleurs très justement que, beaucoup d'apprentis venant de province, le patron se trouvait dans l'obligation de suppléer à l'absence des parents :

ce qu'indique le moindre bon sens, et le plus petit raisonnement sans parti pris.

Examinons, maintenant, ces besognes qui n'auraient qu'un rapport indirect avec le métier, et qui en sont au contraire le corollaire. Comme tous les métiers, la pâtisserie a des obligations qui résultent de la nature même des choses. En premier lieu, vient la corvée de « villes », seul service ou à peu près que peut rendre l'apprenti pendant les premiers temps de son entrée en fonctions.

Peut-on admettre, et est-il admissible que nos jeunes gens soient affranchis de cette besogne dont ils seraient d'ailleurs les premières victimes, puisque les petites rémunérations qu'ils en retirent leur permettent, surtout à ceux qui sont issus de familles nécessiteuses, d'employer à leur entretien les petites sommes qu'ils recueillent et, partant, allègent d'autant les charges de leurs parents.

D'un autre côté, et en admettant que certaines maisons puissent charger des livraisons en ville un personnel spécial, la plus grande partie des maisons de pâtisserie pourraient-elles surcharger leurs frais généraux de ce personnel auxiliaire dont l'utilité serait nulle ailleurs? Quand une chose est discutée avec logique et sans parti pris, on en découvre facilement les avantages et les inconvénients; puis ce qu'il est convenu d'appeler « corvée de ville » a bien aussi, outre les bénéfices qui en résultent pour l'apprenti, son utilité professionnelle ?

Peut-on nier, par exemple, que dans le service d'un dîner en ville où l'apprenti est adjoint à un chef, il n'y trouve pas une leçon de choses, un complément pour ainsi dire indispensable à son instruction, en suivant le dressage d'un plat dont il ne vit préparer que les détails qui, sous ses yeux, se rassemblent, s'unifient, s'harmonisent, et font le tout qui est le mets prêt pour sa destination finale ?

Est-ce que, quand l'apprenti est délégué en ville avec mission de faire le dressage d'un plat, il n'en résulte pas une opinion avantageuse de soi, une sorte de fierté pour la confiance mise en son savoir, et comme une consécration de son talent naissant ?

Faudrait-il aussi que chaque laboratoire de pâtisserie ait un personnel spécial pour le nettoyage et le rangement du matériel mis en mouvement, pour laisser les apprentis inactifs ? Mais ce serait leur rendre le plus mauvais service, car l'oisiveté leur serait mauvaise conseillère, et mieux vaut que leur esprit soit sans cesse occupé aux mille détails du métier, qui sont et doivent rester de leur ressort.

Tous ces détails de l'apprentissage, toutes ces menues choses qui en sont le point de départ, constituent ce que j'appellerais volontiers l'école du soldat de l'ouvrier, qui doit tout connaître, même la façon élégante de se servir du foulard à moules, avoir tout fait, être passé par la filière de toutes les besognes agréables ou désagréables, et il n'est pas un de ceux qui, en évoquant les heures de l'apprentissage et les rappels à l'ordre d'un chef implacable sur les questions d'ordre et de discipline, n'en reconnaisse, non seulement l'utilité, mais la nécessité.

La pâtisserie, nul ne l'ignore, est la pépinière féconde qui alimente d'ouvriers non seulement nos laboratoires, mais où la cuisine recrute ses ouvriers. Les apprentis formés uniquement en cuisine sont assez rares, et il est bien établi, hautement reconnu, qu'un ouvrier pourra être doué d'un transcendant talent culinaire, mais qu'il ne sera jamais ouvrier complet s'il ne connaît à fond la pâtisserie. Et cela est l'avis de tous les vieux praticiens dont le jugement est sûr.

Ces deux sciences jumelles, cuisine et pâtisserie, qui constituent l'art culinaire français, sont d'ailleurs inséparables ; l'une ne se comprend pas sans l'autre, et c'est de leur alliance étroite que surgissent les merveilles gastronomiques. Et combien de fois n'ai-je pas entendu d'excellents ouvriers cuisiniers déplorer amèrement de n'être point passés par la pâtisserie en débutant.

La multiplicité des apprentis, qu'on nous reproche, a donc, non seulement sa raison d'être, mais sa nécessité. Et en me plaçant à un autre point de vue, qui sera purement social, je dirai ceci : la grande majorité de nos apprentis se recrute parmi les familles besogneuses, dont le souci est d'alléger leurs charges dès que leurs enfants sont en état de travailler, et qui ont le désir de leur mettre en main le métier qui sera leur arme pour le grand combat de la vie. Mais si ces enfants n'étaient pas dirigés sur notre métier, ils le seraient sur un autre où l'encombrement se produirait de même, et, par suite, le chômage, résultante d'une morbidité commerciale qui laisse des bras inoccupés, dont nous souffrons nous-mêmes, et contre laquelle nous ne pouvons rien faire que la déplorer.

Est-ce que, à l'heure actuelle, les mêmes plaintes, les mêmes récriminations violentes ne se font pas entendre dans tous les corps de métier et toutes les professions ?

Faisons un peu moins d'apprentis, et faisons-les meilleurs, d'accord ; mais cette diminution, s'il y a diminution, ne sera pas la cause qui atténuera la crise dont souffrent les ouvriers. Le chômage sera moindre chez nous, soit encore ; mais il sévira plus intensivement à côté, voilà tout, car dans la poussée formidable qui se produit à la conquête du pain pour assurer la vie, il faut bien que chacun trouve l'endroit où se glisser. Ici ou là ? Qu'importe, il faut vivre !

Comment donc alors réglementer cette limitation du nombre des apprentis ? Je suis absolument d'avis que là où huit apprentis sont admis pour un ouvrier, il est matériellement impossible que tous reçoivent l'éducation professionnelle à laquelle, pourtant, tous ont des droits égaux.

La loi allemande sur l'apprentissage, qui est très juste dans son essence, comporte des dispositions particulières, selon les métiers, et admet que les exigences particulières de chacun, ou leur mode spécial d'organisation, ne permettent pas à la loi de se circonscrire dans son unité. Relativement au nombre des apprentis à admettre, elle dit dans son § 128 : « Lorsque le maître tient un nombre d'apprentis hors de proportion avec l'étendue ou la nature de son entreprise, et compromet ainsi leur instruction, l'autorité administrative inférieure peut l'obliger à congédier une partie de ses apprentis, et lui défendre d'en accepter à l'avenir plus d'un nombre déterminé. »

Or, quel doit être chez nous le nombre d'apprentis, et comment déterminer leur limitation ? Puisque la question est posée, tâchons de la résoudre.

Il s'indique naturellement que cette limitation doit être réglée selon la proportion numérique d'ouvriers qu'occupe chaque maison, et en se basant sur l'effectif de grand travail, c'est-à-dire en prenant le personnel à une époque de l'année où les exigences du travail et du commerce obligent à combler tous les postes, à mettre en œuvre tous les rouages de la machine.

Comme il est admissible que les travaux à côté, comme : corvées de ville et de laboratoire qui,

pourtant, font strictement partie de la besogne,
et sont l'un des détails du grand Tout, immobi-
lisent un tiers des apprentis, j'estime que leur
nombre doit être d'un par ouvrier occupé.

Mais, dans les maisons, qui sont les plus nom-
breuses, où le personnel se réduit à un ou deux
ouvriers, et où le patron tient lui-même la place
de chef, le nombre des apprentis devra-t-il être
strictement déterminé par celui des ouvriers ?
A mon avis, non ; et ici, le patron dirigeant lui-
même la besogne, et y prenant part, doit être
compris comme ouvrier. D'autres cas encore se
présentent, comme celui d'un patron travaillant
lui-même sans ouvrier et, dans ce cas, il ne peut
compter sur aucun aide s'il n'a deux apprentis ;
dont l'un déjà avancé est son suppléant en cas de
besoin, et l'autre dont la participation au travail
est moins active parce que les corvées sont dans
son rôle, lequel remplacera le premier comme
suppléant du patron quand son temps sera fini,
comme lui-même sera remplacé par un nouvel
apprenti.

* *
*

Incidemment, et avant d'aborder le sujet de
l'instruction professionnelle, je crois devoir
placer une remarque très juste faite autrefois
par Ph. Gilbert. Elle n'a pas de conséquence
importante, mais elle a néanmoins son prix, et
voici ce qu'il écrivait autrefois dans le *Pro-*

grès des Cuisiniers : « Il est permis de s'étonner
« que nous ayons conservé jusqu'à ce jour à nos
« jeunes gens cette dénomination d'*apprentis* qui
« n'est réellement applicable que dans les métiers
« ou professions qui n'exigent que la force phy-
« sique, quelque peu d'adresse, une intelligence
« ordinaire, et de la routine pour se compléter.

« La dénomination d'*élèves* est plus rationnelle
« et plus juste dans les professions qui supposent
« une intellectualité plus grande, une instruction
« assez soignée, beaucoup de mémoire (comme
« c'est le cas chez nous), et une imagination
« prompte à s'éveiller.

« Un cordonnier et un menuisier feront des
« apprentis ; mais, tout comme dans l'officine du
« pharmacien, ce sont des élèves que nous avons
« dans les pâtisseries et les cuisines, tout comme
« les ouvriers chargés d'assurer leur instruction
« sont plus que des ouvriers, mais bel et bien des
« *professeurs*. J'estime que tout ce qui est de
« nature à entourer nos métiers de la considéra-
« tion qui s'adresse aux arts et aux sciences; tout
« ce qui est susceptible de les placer hors, et au
« dessus des métiers ordinaires, ne doit pas être
« négligé, et je demande moi-même que nos
« apprentis soient désormais dénommés *élèves*. »

En ce qui concerne l'instruction professionnelle, l'article 12 de la loi de 1851, dont le
texte a été légèrement modifié, dit : « Le chef
d'établissement doit enseigner, progressivement

et complètement, l'art, le métier, ou la profession spéciale qui fait l'objet du métier.

Ceci est un peu ambigu, et il vaudrait mieux dire que cet enseignement doit se faire sous la responsabilité du chef d'établissement, car les véritables professeurs de l'apprenti sont les chefs de parties dans les grandes maisons, et les ouvriers assumant la généralité du travail dans les petites maisons. C'est seulement dans le cas où le patron conduit effectivement son travail lui-même, qu'il peut diriger l'instruction de ses jeunes gens. Mais dans les autres cas, le patron ne doit pas moins veiller à ce que les règles et principes du travail leur soient donnés par les ouvriers qui, de leur côté, au point de vue moralisateur et professionnel, doivent prendre au sérieux leur rôle d'éducateurs et de professeurs.

Ici, la progression de l'enseignement portera presque simultanément sur toutes les parties du travail, comme c'est le cas dans les petites maisons. A côté, dans les grandes maisons où la brigade est complète, c'est-à-dire suppose un chef à chaque partie, l'apprenti sera successivement dirigé sur toutes les parties en commençant par la moins importante, et selon un roulement temporaire établi par le patron lui-même, dont le devoir est de suivre les progrès de chacun de ses apprentis ; et il y va un peu de son intérêt.

Il est bien certain que, pendant les six premiers mois, le jeune homme ne peut que se familiariser avec le milieu, apprendre le nom et l'utilité de chaque article du matériel, recevoir des notions d'ordre, de propreté et d'exactitude, et être initié aux premiers détails auxiliaires du travail. Dès le deuxième semestre, il pourra, si ses aptitudes physiques le permettent, être dirigé sur chacune des parties pour y accomplir ses stages, et commencer réellement à apprendre à travailler.

Il est absolument nécessaire que, de temps à autre, ou à périodes fixes, le patron fasse subir une sorte d'examen à chacun de ses apprentis, et les interroge selon la somme de savoir qu'ils sont supposés avoir acquise, sur la nature et la valeur des marchandises qu'ils voient employer, sur les proportions des différents articles qu'ils exécutent ou voient exécuter, sur la conduite du four et des temps approximatifs de cuisson. Non moins utile que cet examen théorique soit suivi d'une exécution pratique ; et c'est ainsi que le patron suivra la marche progressive de l'instruction de ses jeunes gens, distinguera ceux qui ont des dispositions certaines pour devenir de bons ouvriers, comme ceux dont l'intelligence est rebelle ou qui sont réfractaires à l'enseignement, soit par manque de dispositions naturelles, soit par mauvaise volonté évidente.

Connaissant à fond les sujets qui sont autour de lui, le patron pourra, s'il y a lieu, mettre sa responsabilité à couvert en signalant, simultanément aux parents et au Syndicat chargé de délivrer les diplômes de sortie, les cas qui pourraient lui faire encourir reproches ou pénalités ; en cas de constatation, chez un jeune homme, d'une instruction professionnelle notablement insuffisante, dont il ne faudrait accuser qu'un manque de moyens résultant d'une intellectualité inférieure ou de mauvaises dispositions.

Mais, à mon point de vue, l'instruction théorique doit largement être donnée aux jeunes gens, comme la semence d'où naît l'instruction technique : le savoir vrai, certain, appuyé sur la cause raisonnée des causes et des effets, en un mot. Si la démonstration seule fait la base de l'enseignement, sans les considérants qui en sont le corollaire indispensable pour en faire comprendre le but et la portée, ou si on s'en tient seulement à faire voir les procédés de manipulation, sans explications préalables et complémentaires, le rôle de l'apprenti sera celui d'une machine ; il apprendra sans rien savoir, parce que son intelligence n'aura point été cultivée ; il exécutera sans entrain, parce que son amour-propre, son jeune orgueil n'auront point été provoqués.

La besogne de l'apprenti de nos jours est bien simplifiée par le machinisme que nous avons introduit dans nos laboratoires. Il ne connaît pas les travaux fatigants, ni les rebutades qui furent le lot de ses aînés, son bien-être matériel est plus grand, et tout lui est plus facile qu'autrefois.

Je suis convaincu que si, eu égard à l'âge auquel le jeune homme entre en apprentissage, et tout en restant astreint pendant un certain temps aux corvées de métier, dont il ne doit rien ignorer ; s'il est bien dirigé, instruit progressivement, théoriquement et pratiquement, il peut, au bout de son temps, affronter sans crainte les examens du jury, obtenir le diplôme qui, en lui conférant le titre d'ouvrier, lui ouvre les portes de la vie ; le met à même, avec son courage d'homme et son savoir d'ouvrier, de marcher audacieusement à la conquête de l'avenir...

***

Qu'est-ce que ces examens de sortie que l'on désire voir s'instituer, et qui certainement existeront sous peu ? La réédition moindre des examens de Maîtrise, auxquels on attachait une si grande importance autrefois, mais compris sous un jour plus simple et surtout utilitaire ; en tous cas, une garantie absolue que le jeune homme a bien reçu l'instruction professionnelle que son patron s'était engagé à lui donner ou à lui faire donner. Rien ne change sous le soleil : ce qui se faisait il y a quatre cents ans se fera demain dans le même but, à cette seule différence que là où il y avait Communauté, il y aura Syndicat.

Ces examens sont prévus par l'article 12 *ter* de la loi de 1851 modifiée par le Conseil supérieur

du Travail, mais une lacune encore subsiste : en
cas d'insuccès, quelle sera la responsabilité du patron ? Quelle sera la pénalité encourue ? Et s'il justifie, comme excuse, de mauvaises dispositions de
l'enfant (chose qui ne pourrait être admise que
s'il en avait averti le Syndicat pendant le cours
de l'apprentissage), quelles résolutions seraient
prises au sujet de celui-ci ? Ceci est le point qui
reste à discuter et à fixer, et c'est à un groupement légalement constitué qu'il appartient de le
faire et de le signaler au législateur.

Or, comment, sous le contrôle de qui, et quels
sont les moyens les plus pratiques pour instituer
ces examens de sortie. Je n'hésite pas à répondre : au Syndicat patronal, force organisée,
dont l'autorité morale porte au loin son rayonnement, seul qualifié pour décerner les diplômes
légalisés par son sceau et délivrés selon les rap-
ports des jurys d'examens.

La nécessité de ces examens de sortie est si
bien comprise partout, que presque toutes les
lois étrangères l'ont prévu et que, dans certains
pays, on ajoute une récompense en argent au
diplôme qui sacre l'apprenti ouvrier. En France,
nous n'en sommes encore qu'à la théorie, et c'est
de l'initiative du Syndicat patronal des pâtissiers
que doit venir la mise en pratique, et elle serait
simple, car elle pourrait être celle-ci :

Le patron de tout jeune homme entrant dans
son dernier mois d'apprentissage, en devrait in-

former le Syndicat, en demandant sa comparution devant le jury d'examens; demande à laquelle il serait répondu par une convocation indiquant les jours, heures, et lieux d'examens.

Pour simplifier encore, ces examens pourraient être mensuels, et être faits, en bloc ou divisément, selon le nombre de jeunes gens à examiner.

Ce nombre connu, le bureau du Syndicat nommerait les membres du jury ou des jurys chargés des examens, et leur indiquerait également les jour, heure, et laboratoires où devraient être passés ces examens; et plusieurs jeunes gens pourraient être examinés ensemble par le même jury et dans le même laboratoire.

Enfin, tout jury d'examens, nommé par le bureau du Syndicat, comporterait invariablement quatre professeurs : deux patrons et deux ouvriers, dont un, patron ou ouvrier, serait nommé président.

Aux jours, heures et lieux dits, jury et jeunes gens se trouveraient réunis, et le programme des examens comprendrait :

1° Partie théorique : un interrogatoire sur l'organisation des laboratoires, sur l'origine, la valeur, et le rendement normal des marchandises employées dans le travail de la pâtisserie, sur les proportions réglementaires de certains articles, etc.

2° Partie pratique : exécution complète de trois articles de pâtisserie usuelle, indiqués par le jury, et dont un de four autant que possible.

Les examens terminés, le jury remplirait et signerait une feuille *ad hoc* par jeune homme examiné, concluant au succès ou à l'insuccès, laquelle serait transmise au bureau du Syndicat pour établissement du diplôme en cas de succès ; décision à rendre contre le patron ou le jeune homme en cas d'insuccès.

Enfin, les diplômes d'examens ou certificats d'apprentissage en règle seraient signés : du Président du Syndicat, du Président du Jury examinateur, du patron de l'apprenti, et remis aux titulaires convoqués à cet effet dans une assemblée mensuelle du Syndicat.

* * *

N'oublions pas ceci : c'est que la force des choses et la loi du Progrès nous obligeront à adopter cette forme générale de l'apprentissage qui ne sera pas sans subir encore des modifications. Mais, ce qui doit être notre constant souci, c'est que la question du recrutement professionnel reçoive une solution prochaine, et si elle a eu son importance dans tous les temps, elle en a aujourd'hui plus que jamais. Nous devons donc associer nos efforts pour préparer une génération fortement et sincèrement imbue d'idées de progrès, pour diriger vers le Bien et le Mieux ceux qui seront nos successeurs, pour leur donner les plus hautes et les plus généreuses aspirations, et leur faire comprendre combien grande sera notre confiance en eux, en leur remettant la destinée et la gloire plus que séculaire de la Pâtisserie française....

A. CHARABOT.

Fin

TABLE

	Pages
Préface................................	VII-XI
Préambule.............................	1
Résumé historique de la Communauté des Pâtissiers. — Premiers Statuts...............	5
Le Travail.............................	10
Institution définitive de la Communauté........	17
Parallèle..............................	34
Groupements modernes....................	38
Différents faits de concurrence..............	53
Statistiques et Salaires...................	62
L'apprentissage dans le passé..............	69
La Maîtrise............................	80
L'apprentissage dans les temps modernes......	86

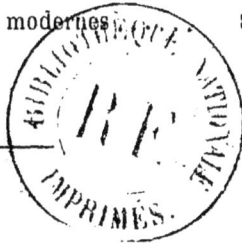

www.ingramcontent.com/pod-product-compliance
Lightning Source LLC
Chambersburg PA
CBHW071828090426
42737CB00012B/2204